哲学者がみた日本競馬

昭和から令和、
21世紀の競馬場に立つ

HIGAKI Tatsuya
檜垣立哉

教育評論社

哲学者がみた日本競馬—もくじ

第四章 競馬の賭博性とは

終章 日本競馬はどこへ向かうのか

装幀＋レイアウト＝大倉真一郎

哲学者がみた日本競馬―昭和から令和、21世紀の競馬場に立つ

・日本における馬齢表記は二〇〇一年に国際基準にあわせて生まれた年を〇歳とする数え方に変更になったが、本書では二〇〇一年以前については旧年齢表記を使用している。

まえがき――令和時代の競馬

一九八〇年の終わりあたりから、もう少しわかりやすくいえば「オグリキャップ」――まさにそれ自身が時代の指標である――から競馬をみているものにとって、ここ二・三年、二〇二〇年代へとさしかかる競馬場の景色の変化は、もちろん二一世紀になっての流れとかさなるものがあるとはいえ、異様であった。新型コロナウイルスによって、競馬をみることは、根本的な変容を余儀なくされた。私は徹底的な現場派であり、かつ原則馬券も現場かウインズ〔場外馬券売り場〕でしか買わない。関西に住む自分が、まさかコントレイルという親子二代の無敗の三冠馬という記念碑的事態を、京都競馬場の現場でみることがかなわないなどという、想像することも二重三重に難しいことが現実になってしまった。

インターネットでの馬券購入の発達によって、JRA〔日本中央競馬会〕は興行を主とする団体であるにもかかわらず、ほとんど痛手を受けていない。またポスト・コロナの世界を考えると、業界も、現場というよりネット馬券の方が、何かとコストがかからない。これは私の、学者の世界と同じである。わざわざ出張しなくとも世界中の学会に出席できて、世界的な有名人の話を聞きうることが「日常」になってしまった。コロナ禍を転換点としてネットを中心に、競馬の見方が大きく変わるのだろう。

ただし現場主義者であり、一九万六五一七人という入場人員数の東京競馬場記録であるアイネスフウジンのダービー〔一九九〇年〕にも、かのオグリキャップの引退レースの有馬記念〔一九九〇年〕にも、その現場にいあわせていた私にとって、そして後楽園のウインズにもウインズ梅田のB館にも、自分の定位置をもっていた私にとって、競馬を「雑踏」のなかでみることができないということはやはり競馬にまつわる経験が何か根本的に欠落してしまう。オルフェーヴルの、スミヨンの追いだしがあと数秒遅れていたらきっと勝っていたであろう凱旋門賞〔二〇一二年〕を、フランスのロンシャンの現場で目撃しつつ、「勝った」と確信をもったそのすぐ後ソレミアに差されてへたり込んだ場所、ウインズという競馬をとりまく人びとの雑踏そのものが、やはり私にとっての競馬体験の根底にあるものだからである。

そしてこの数年のあいだに、京都競馬場は根本的に大きく変貌を遂げ、二〇二三年春に新たな幕が開く。もはや、私がかつてデイリー杯三歳〔現在の馬齢では二歳〕ステークスで、田原成貴のニシノフラワーが勝ったのをみたその地点を明確に覚えている、あの京都競馬場のスタンドは消えてなくなる。おそらく改築後の京都競馬場は、現在の東京競馬場のように、どこか小洒落たカジノのような空間になるのだろう。そこからは「ここは賭博場だ」という雰囲気は一層薄れていく。

私が競馬をはじめた頃の、京阪淀駅から京都競馬場までの、阪急仁川駅から阪神競馬場までの、競馬新聞売り、予想屋、屋台でみちていた「雑踏」が二〇〇〇年代に綺麗に消えてしまったように、競馬場そのものも変わっていく。それは時代の要請であるから仕方がない部分もある。そして、私もまた結局は、新しい競馬場の光景にそれなりに慣れ、いつの間にかそれを競馬の日常のなかに繰り込んでしまう。それが生きつづけることだ。そんなことはわかっている。

この本は昭和以降、競馬をみつづけることによって自分の人生の支えにしている無類の競馬ファンの一人である筆者が、二〇二〇年という時代の折り目において感想をもったいくつかの事柄に対する語りを文字に起こしたものである。私はすでに競馬をある種のテーマとした書籍を二冊刊行している。ひとつめは哲学的考察のヴァリアントとして（『賭博／偶然の哲学』河出書房新社、二〇〇八年）、二つめは代表的なレースの選出をベースにして、その時雑誌に書かせてもらっていた競馬の文章をまとめたものである（『哲学者、競馬場に行く』青土社、二〇一四年）。この三冊目は、どちらかというと、より散文的で、また時事的なもの、むしろ入門書的なものになるだろう。だが二〇二〇年という時代の折り目を記述しておくことも、後から振り返れば何かの意味があるのかもしれないという想いのもとでもある。

この時代の折り目には、実にたくさんのことがあったのだ。アーモンドアイの出現は、東京競馬場一マイル半のコースレコードで2分20秒6を叩きだすことによって、オグリキャップ（ホーリックスの二着）が2分22秒2で駆け抜けたことに驚いた「われわれの世代」のレゾンデートル（存在証明）そのものをぶち壊すようなものであった。牝馬の時代といわれるように、二〇一九年以降、GⅠ九勝のアーモンドアイのみならず、宝塚記念・有馬記念（二〇一九年）のリスグラシュー、宝塚記念（二〇二〇年、二〇二一年）・有馬記念（二〇二〇年）のクロノジェネシスなど、これまでなかなか古馬の根幹レースに勝てなかった牝馬がことごとくさらっていく。それは、不思議なことにリーディングサイアーとして圧倒的であったディープインパクトの息子たちが、クラシック期を境に成長をぱたりとやめてしまうこと（娘たちにはそれはない）の偶然の帰結なのだろうか。牝馬の育成という問題が、もはや時代を越えて完成されてしまったのか。あるいは日本の競馬の芝の「軽さ」、すなわち素軽いスピード競馬の重視がますます強化されたからなのか。

そして、私の競馬歴とかさなるこの三〇年間のＪＲＡの最高にして不世出の功労者である武豊が五〇歳を越えてしまった。前人未踏の記録を残しつづける彼にしてもやはりターフを去るときはこざるをえず、それはいつのことで、どのように訪れるのだろうか。その時私は、もう自分が競馬をみる時代は終わったとおもわざるをえないのだろうか。

第一章　競馬との出会い

——自分の競馬論が88、89年のオグリキャップからはじまるというのも、もちろん直接経験の深さはあるのだけど、80年代が終わりソ連が消え日本の高度経済成長が終焉したやるせなさと競馬は関係があるとおもう。私にはミスターシービーやトウショウボーイ・ハイセイコーは知っていても語れない。

（2022年8月3日 tweet）

はじめての競馬場

私が競馬をみはじめたのは一九八八年頃からで、ほかの著作で（とくに『哲学者、競馬場に行く』青土社を参照）何度もいっているように、自分ははっきりと「オグリキャップ世代」である。一番はじめに競馬場にいったのは、一九八九年の第一〇〇回天皇賞で、武豊のスーパークリークが勝ち、オグリキャップが二着だった。私は大学院生であったがすでに結婚しており、共通の女性の友人が競馬ファン（ミスターシービーがお気に入りだった。時代を感じさせる）で、みなでみにいこうという話になった。

私は一九六四年生まれで、一九七〇年代は小学生だったのだが、当時はハイセイコーが物凄く人気だった。中学に入ったあたりに、トウショウボーイ、テンポイント、グリーングラスの三強の時代。大学に入学した頃、ミスターシービーやシンボリルドルフとかがでてきた。そのときどきにどういう馬がいて、どの馬が強いのかということは常識の範囲で知っていたが、競馬場にみにいくとか馬券を買うとかということまでにはいたらなかった。

オグリキャップは一九八八年の天皇賞秋のタマモクロスとの激突や、有馬記念の一回目の勝利は中継でみてはいるのだが、競馬にもオグリキャップにものめり込むことになるのは、実際競馬場にいってからである。競馬はライヴでみると、テレビや情報の世界とはまったく違う。何か異次元のものを感じさせるのだ。

二着のオグリキャップ

競馬場にいったときは、武豊が二〇歳でこの天皇賞で春秋連覇であったことに加えて、二着のオグリキャップが物凄く印象的だった。その直後のジャパンカップは後楽園のウインズでみたとおもう。2分22秒2という世界レコードで、ホーリックスに追いすがる二着のオグリキャップというのがなにしろ物凄かった。両レースともオグリキャップは負けている。それなのに「この馬はなんでこんなに走るのか」とおもわせる気迫が桁違いで、やはり一頭だけ違う生き物みたいなところがあった。

私はオグリキャップが亡くなった時（二〇一〇年）、当時の『週刊競馬ブック』（ケイバブック）の編集長に頼んでオグリキャップの追悼文（前述の『哲学者、競馬場へ行く』に収載）を書かせてもらったのだが、とにかく競馬にかんしてはオグリキャップをモデルに考えてしまう。

繰り返すが当時は院生であった。年齢的に同級生は働いているわけだ。伴侶が理系の出身で、すでに働いていたのだが、自分は文系の院生で、家で本を読んでいるしかないみたいな状況である。また、修士の頃は、自分が博士に進学するのか、すすんでもアカデミズムで就職できるのかという想いもあった。折しもバブル経済の頃である。同級生は就職活動なんかしなくても銀行や証券会社とかに入り、新入社員でもボーナス一〇〇万円とかの時代である。金が飛び交っていた頃の日本だ。一方でこちらは冬期講習の報酬が一〇万円ぐらいで喜んでいる。なんだかその頃は一人とり残されるような気持ちになっていた。

ただ、アカデミックな場所には、当時からいろいろ違和感があった。じゃあなんで六〇近くになるまで大学にいるのかといわれると、たまたまだとしか本当にいいようがない。当時は、アカデミズムの場に仕事がないなら競馬記者とか、トラックマン（トレーニングセンターづきの各競馬新聞の記者）になれないだろうかとはかなり真面目に考えていた。予想屋は、今でもなお憧れの気持ちはもっている（定年後の土日は競馬場にいることになるだろう。ロシアやフランスに住んでみたいともおもってはいるが、ドストエフスキーをロシア語で真顔で読んでやれとおもったロシアいきはプーチンのウクライナ侵攻が終わらないとどうしようもなくなった）。

でも、『週刊競馬ブック』で寄稿した際におつきあいさせていただいたのだが、予想屋とは本当に大変な職業だ。一レースから最後まで、全レースやる。普通だと、メインレースのGⅠとか予想すればいいところ、それではすまない。プロは一レースから、最後の一二レースまでやるから、やっぱり大変なものだとおもう。これで同時三場開催では素人は気力がつづかない。

大学時代の出会い

予想屋とかかわりのあるエピソードとして、栃木県の足利というところでバイトをしていた頃の話がある。それは、東大生を地方に集めて、勉強を教えてほしいという学生を呼び込むという仕組みの塾（その経営者は有名なヘーゲル研究者の奥さんだった）で、私たちはごくごく狭い部屋に詰め込まれて、二泊三日ぐらいで、昼は予備校として浪人生と、夜は中学生から高校生までぐらいと一日中つきあっていた。当時はそれで一か月分の生活費（普通の企業の初任給あたり）が稼げたぐらいだった。その意味でもいい時代だったのだとおもう。

その時に、たまたま一個年下の法学部の学生がいた。彼自身は企業に就職したが、子供の頃に阪神競馬場のすぐ横に住んでいて、父親は予想屋であり、「自分で新聞をつくって売っていた。自分はそういうなかで育った」というのである。実際彼も、本当によく予想を当てていた。馬のことがよくわかっているというのはあるのだとおもう。そういう連中が、当時そこら中にいた。

彼は私が一九九〇年代の終わりにパリに留学していた時に、通産省に出向していて、フランスにくる機会があるということで、オートゥイユ競馬場に連れていった。そのときは残念なことにロンシャン競馬場はやっていなかった。奇妙な縁なのだが、彼の存在は私の初歩的な競馬の知識を格段に引き上げてくれたので、少しは恩返しができたかとおもう。かなり長いこと年賀状のやりとりをしていたが、ここ数年は年賀状も書かなくなったので、もうどこにいるのかわからない。

九〇年代の競馬場の風景

阪神競馬場にはじめていったのは一九九〇年代の初頭。阪急電車の仁川駅から阪神競馬場に向かうルートは、当時予想屋やら出店がいっぱいでていて、その周りでおっちゃんがたむろして飲んでいるという感じだった。前述の彼にとっては、いまだに鉄火場の雰囲気をとどめいていたこの景色が原風景なんだろうなと強く感じた。

今の阪神競馬場はＪＲＡが仁川駅から地下通路を一本で通してしまい、まったく地上にでることなく、競馬場の入り口通路まで誘導される。利便性は向上したが、予想屋だった彼の父親や、そのほかの多くの予想屋、露天の商売をやっていた人はどうなったんだろうかとおもう。

中山競馬場には有名な〝オケラ（＝博打に負けてすっからかんになること）街道〟というのがあって、競馬場から駅までのあいだというのは、ある種猥雑な空間が存在する。そういう群衆をかき分けて競馬場へ向かうのだ。だがこれも船橋法典駅からのルートを辿ると、この景色に触れることもない。京都競馬場も、昔は京阪の淀駅からしばらく歩くので同様の雰囲気だったが、これも淀駅そのものの高架化にともなって京都競馬場に横付けするように移動してしまって、そのまま地上にでずに競馬場に入ることができる。昔の淀駅を知っている身としては少し寂しい。

また、阪神競馬場に住居のある吹田から車でいく時に、必ず駐める「庭」があった。開催日だけ、掘っ立て小屋のような家の庭は「臨時駐車場」になり、駐めようとするとなかからお兄さんがでてきて、競馬場の入場券（回数券）までくれた。ＧⅠで一杯の日は、そのお兄さんが周りの家に電話をしまくり、「どこそこは空いているからついてきて」といって、誰のものかも知らない家の軒先を借りた。一〇〇〇円くらいであった。そういう、怪しい競馬場文化というものも、最近はもうなくなった。

私は、そうした「賭場」「鉄火場」の雰囲気がかすかにあった競馬場に触れられた最後の世代なんだろうなとおもう（最近までは、東京競馬場から府中本町駅に向かう通路の下で、若干そういう光景は残っていた。ただそれもコロナ禍で消滅したかもしれない）。その後ＪＲＡは、そうしたイメージを一掃するように競馬場の整備をすすめていった。一九九〇年代以降に放送されているコマーシャルからして、完全に大学生やカップル、子連れの夫婦を対象にしている。それはそれで、もちろん競馬のスポーツ化にともなう致し方がない流れなのかなとおもう。今の大学生を競馬場にはじめて連れていく時に、彼ら彼女らが必ず「おもったよりずっと綺麗だったし、みんなキビキビしている」という。これはいいことなのか、どうなのか、これからの競馬場のあり方も含めて考えてしまう。

オグリキャップ世代

オグリキャップ世代にとって、死ぬまで語り継がなければならない義務は、いうまでもなくそのオグリキャップの引退レース、一九九〇年の有馬記念である。先にも書いたように私は中山競馬場の四コーナーでみていた。オグリキャップの単勝は買っていたのだが、さすがに「勝つ」という予想で買ったものではない。ピークを過ぎたオグリキャップは四番人気で、誰もがそうだとおもうが、まさか勝つわけはないだろうとおもいつつ、最後のオグリの馬券だから、というご祝儀のような気持ちがあったのだろう。肝心の馬券は、さっさとお金にかえたのか、手元にはない。コピー機は置かれていたとおもうのだが、一九九〇年でスマートフォンどころか携帯電話も普及していない時代だ。ともあれその時に感じたのは、〝人生でこれほど驚いたことはない〟ということであった。本当にびっくりしたのだ。そういうレースだった。それを目にしているというのは大きい。やはりそれは、記録では尽きることのない記憶の話になってくる。

例えば、三〇年前のある日に自分が何をしていたのか、よほどのことがないかぎりわからないだろう。でもそれが競馬で、何々が勝ったレースというとその前後も含めて、はっきりおもいだされる。

オグリキャップの安田記念（一九九〇年五月一三日）、私は新潟の日本哲学会の事務アルバイターとして出張していた。仕事をしながらもオグリキャップのことが気になってしょうがなく、移動するタクシーのなかで運転手に「オグリキャップ勝ちましたかね」ときいた記憶がある。それに付随して、新潟まで乗車した新幹線のこと、隣で先輩がウォークマン

引退レースで「オグリ」コールが沸き上がるなか、ウイニングランのオグリキャップ〔共同通信社〕

（これも死語で、その現物を今の若い人は知らないかもしれないが）で英会話の勉強をしていたことも鮮明に覚えている。日曜日はオグリが走るからなと、新幹線でも競馬新聞を握りしめていたからだろうとおもう。

そういう記憶が無数にあるのだ。トウカイテイオーのダービーの日に、成増駅まで自転車でいった記憶、やはりトウカイテイオーの引退レースを中山競馬場でみていて意気揚々と家路についた記憶（大学の助手であったが、当時のボーナスの半分を儲けた）、ウイニングチケットのダービーに後輩といったこと、ウオッカのダービーを梅田のウインズでみており、六四年ぶりの牝馬の勝利にウインズのなかで拍手が起こったこと。もちろん予想がまるで外れ、まったくきて欲しくない馬に勝たれて、悄然と競馬場を後にした記憶も無数に存在する。

こうして、三〇年以上競馬をみている人間として、世界的なコロナパンデミックによる無観客競馬はここまでの自身の競馬人生をとらえなおす契機となった。それは、時代の折り目、競馬の転換点を色濃く反映するものでもあった。次章以降でその点について触れていきたい。

第二章　無観客の競馬場から

——無観客競馬のプラス面はあれど、競馬も興行という側面はあり、まあ秋の競馬がどうなっているのかコロナ第二波の関連でさっぱりわからないが、競馬中止はやめてほしい、そのまま無観客でもつづけてほしいが、これだけの歴史的名馬、菊花賞は眼の前でみたいです。

（2020年5月30日 tweet）

「オグリキャップ・パラダイム」の終焉

この本の依頼を受けたのが、四年前で、二〇一九年の一二月だった。私も三冊目の競馬本になるので、同じものを書いても仕方がないなとおもい、いろいろ考えていたのだけれど、そのうちコロナ禍で競馬場もウインズも閉鎖されるという特殊な状況になってしまった。コロナ禍の状況については後に書く。

ただ、コロナ禍のまだ前なのだけど、やはり一九九〇年ぐらいから今までの競馬、いってみれば「オグリキャップ・パラダイム」ともいえるものがガラッと変わったことは凄く重要だとおもう。私は、オグリキャップと武豊がでてきた時代、昭和の終わりから平成へという一九九〇年代に競馬をみはじめた、いわば「オグリキャップ世代」である。この世代の感覚は二〇一〇年代まで、ディープインパクトやオルフェーヴルがでてきても、基本的にはつづいていたとおもう。

一九九〇年から二〇二〇年代まで三〇年あるが、この三〇年の競馬は明確にひとつの方向へと動いてきた。それは「正当なスポーツとしての競馬」が、着々とつくられてきたことだとおもう。

一九八〇年代終わりの、オグリキャップと武豊の出現は、たまたまかもしれないが、時代の変化を象徴するものだったとおもう。そこから競馬は本当に大きく変わった。賭博でなくスポーツ、博徒たちのかもしだす鉄火場的雰囲気からレジャーへ。これは劇的な変化だった。無論ウインズにいけば、（コロナ禍以前は）いまだに鉄火場的雰囲気の片鱗は残っていたのだけど。

もちろん私も、一九八〇年代中期のシンボリルドルフとかミスターシービー、七〇年代のテンポイントやトウショウボーイ、それ以前のハイセイコーとかの競馬も知らないわけではない。だが、真面目に競馬をみだしたのは一九八八から一九八九年で、まさにオグリキャップからである。今でもこの世代は、競馬人口のなかで凄く多いはずだとおもう（そろそろ還暦を迎えるおっちゃんおばちゃん世代である。人生は早い！　競馬をみていると終わってしまうよ！　それでもまったくかまわないのだが）。

それから三〇年、時代は一渡りしたなとおもう。そこにコロナ禍が追い打ちをかけて、状況が加速度的に進展した。二〇二〇年以降の競馬というのは、一九九〇年からつづいてきた「オグリキャップ・パラダイム」にまさに楔を打ち込み、別の時代に移っていくのだなとおもう。

牝馬・アーモンドアイの躍動

まず衝撃的なのが、なんといってもアーモンドアイである。牝馬の三冠とは桜花賞・優駿牝馬〔オークス〕・秋華賞であり、とくに桜花賞は特筆すべき競馬なのだが、それはここでは言及しない。なんといっても凄いのは、二〇一八年のジャパンカップである。タイムが2分20秒6。これは東京競馬場の二四〇〇メートルのタイムなのだが、オグリキャップは一九八九年のジャパンカップ〔ニュージーランド牝馬ホーリックスの二着〕のタイムが2分22秒2である。これは当時の世界レコードで、オグリキャップの2分22秒2というのは、一九九〇年代に競馬をやった人間にとってサラブレッドの限界のようなタイムを意味している。東京競馬場の二四〇〇というのは、東京優駿〔日本ダービー〕を施行する距離でクラシック・ディスタンスと呼ばれている。後述するが、競走馬は基本的に、ダービーやオークスといったクラシックに向けて生産されている。ダービーはどこの国でも三歳馬の五月から六月の、芝二四〇〇で施行するのが原則である。

今、そのようなルールは競馬の本国イギリスを除くほかの国では意味が薄れてしまっている。フランスのダービーにあたるジェッケ・クリュブ賞は二一〇〇メートルだし、アメリカはもとよりダート〔砂〕である。芝二四〇〇はサラブレッドの能力をはかる時の基準なのだが、これをオグリキャップが2分22秒2で走った時、私は本当に驚嘆した。

当時のダービーの基準タイムは大体2分25秒、26秒とかで、それと比べても22秒台というのは、逃げ馬のアメリカ馬ホークスターが大逃げを打ったからなのだが、しかしむちゃくちゃである。もちろんアーモンドアイがその記録を塗り替える前も、二〇〇五年のジャパンカップで2分21秒台をイギリスのアルカセットが記録している。だけどアーモンドアイが駆け抜けた2分20秒6というレコードは、これも菊花賞馬キセキが大逃げをしたという要因があるとはいえ、想像すらできないものである。アーモンドアイの世界レコードは精密機械のように正確にラップを刻みつけることがないとだせるものではない。「オグリキャップ世代」にとって、自分のもっていた競馬への幻想がガラガラと壊されるような想いを、誰もがもったんじゃないかとおもう。

またアーモンドアイは三冠馬なのに、三歳時のローテーションも異様で、シンザン記念〔GⅢ〕という一月のレースから、四月の桜花賞までレースで使っていない。

いわゆるクラシックレースというのは、牝馬は、桜花賞、優駿牝馬、秋華賞とあって、牡馬は、皐月賞、東京優駿、菊花賞なのだが、それぞれにトライアルレースというのが存在する。春のクラシックだと、牝馬は、桜花賞トライアルのチューリップ賞やフィリーズレビュー、牡馬は皐月賞トライアルの弥生賞やスプリングステークスを使って、クラシック本番に向かうというのが典型的なパターンであった。

歴代の名馬、ディープインパクトもこのローテーションだし、牝馬の有力馬は大抵チューリップ賞から使う。これが基本パターンだったのだが、アーモンドアイは、そのかたちを完全に壊してしまった。

アーモンドアイの戦歴をみると、基本的にはGⅠしか走っていない。それはどういう意味か。かつての名馬たちは、GⅠのあいだは放牧して休養している。その後厩舎に帰ってきて、たとえば目標が菊花賞となった時に、実践的な感覚をとり戻すために、トライアルレースを使って本番にいくのが基本的な話だったわけだ。三冠馬ナリタブライアンは、本番ではどれも圧勝しているがトライアルで負けている。アーモンドアイと同じ国枝栄厩舎の、やはり三冠牝馬であるアパパネはトライアルでことごとく負けて本番で勝っている。トライアル戦で有力馬を瀬踏みするのは一つの楽しみであった。クラシックよりもトライアル（しかも各種あり、それぞれ条件が違う）をみて本番をあれこれ想像するのが面白かったのである。

その概念を、いってみればアーモンドアイは全部ぶち壊した。アーモンドアイはシンザン記念以降、GⅠしか使っていない。

オグリキャップの戦歴と比較するとよくわかるのだが、オグリキャップはありとあらゆるトライアルレースを使っている。もう、でられるレースのほとんどを使っている。

もちろんそれは、賞金を稼ぐという意味もある。だが、それより重要なのが、叩いていくことで馬を仕上げていく、実践で使うことによって馬を仕上げていくというのが競馬の常識だった。しかしアーモンドアイ以降、それは通用しなくなってしまった。

アーモンドアイの次の年、二〇一九年のサートゥルナーリアも暮れの二歳GⅠから直接皐月賞に出走している。翌年の無敗の牡馬三冠馬コントレイルも同じだ（菊花賞前の神戸新聞杯は使っている）。こうなるとトライアルの意味が半分消えてしまい、有力馬であればあるほどGⅠレースのみに直接突っ込んでいくことになる。

調教は変わったか

なぜこんなことが可能になったのか。これは「外厩」が要因として大きいだろう。「外厩」というのはJRAのトレーニングセンター（トレセン）とは別に調教をおこなう施設である。これは各馬が所属している厩舎ではない場所で馬を仕上げることが可能になっているということである。

アーモンドアイなら関東の美浦トレセン〔国枝厩舎〕、コントレイルだと関西の栗東トレセン〔矢作芳人厩舎〕、に属しているわけだが、昔は基本的には厩舎に馬がいて、調教師が馬を仕上げていた。ところが、最近それが少なくなってきてしまっている。

例えば関西だとノーザンファームしがらきや宇治田原優駿ステーブル、大山ヒルズが、関東だとノーザンファーム天栄が外厩として有名である。ノーザンファームという牧場の名がついているようにここはいってみれば私有地だ。他方、トレセンはＪＲＡのものである。だから〔制限はあるとはいえ〕マスメディアが取材に入れるし、追い切りという調整をおこなった後は調教師や騎手がインタビューに応じる。だが、外厩は私有地で、レースにもってくるまでに仕上げてしまう。仕上げた馬をトレセンに運ぶ。

そうすると、トレセンの調教師の役割が疑問視されるようになる。〝ノーザンファームの餌やり係だ〟と揶揄されたりする厩舎も多い。

こうして、外厩で仕上げてしまって、仕上げた馬をレースの数週間前に、美浦や栗東に連れていって、一回追い切りをかけレースに使ってしまう。そして勝ったらすぐ、トレセンから牧場に戻すというような感じのやり方が、もはやアーモンドアイ以降常識になってきている。

外厩ありきのやり方にはいい点・悪い点がある。いい点としては（これが可能であることを考えれば当然なのだが）、牧場の調教技術や施設の質が物凄く上がったことがあるのだろう。以前はそうしたノウハウはなく、トレセンで仕上げていた。それよりもっと昔は、厩舎は各競馬場に併設されており、競馬場で仕上げていた。

どんな名馬でもトライアルを使わないと危うかったのだ。競馬史的に有名なのは、無敵を誇ったシンボリルドルフが秋の天皇賞〔一九八五年〕で、ギャロップダイナに差されたことだろう。先頭に立ったシンボリルドルフが一旦気を抜いたところに、条件馬にすぎないギャロップダイナが差し切ってしまう。これは完全に仕上げの問題だといわれていて、このケースではシンボリルドルフが天皇賞のトライアルを使えなかったところがポイントだといわれる。昔は本番の調整をトライアルを使っておこなっていたのだ。

アーモンドアイ以降は、完璧にその概念は崩れた。それは同時に、一九九〇年代の競馬で中心的な存在だったトレーニングセンターの重要な役割も大きく崩れたことを意味する。

トレセンは先にものべたように、一般人が見学にもいけて、メディアの取材も入ることができる。そこで調教をおこなっている様子を、トラックでみることができる。競馬新聞にはその情報が掲載される。

でもノーザンファームしがらき、あるいは大山ヒルズなどの外厩で仕上げられては、そこは私有地なのだから何をやっているかわからない。馬の仕上げの過程がファンにみえなくなってきている。

でも牧場の論理からすると、もうＪＲＡの所有物であるトレセン以上の設備があるのだからそこでやればよいということになる。

また馬はやはり「使い減り」する。だからむやみにトライアルレースを使わなければ、馬としての寿命が延びるというプラスもある。今は、昔に比べれば、はるかに（栄養や怪我の問題はあれ）馬の「寿命」、「競走馬としての寿命」は延びている。これは馬主にとってもありがたいことだろう。

だから外厩は、馬本位で考えればいいことではないか、むやみにトライアルを使わないのもプラスではないか、そうともいえるだろう。

でも、競馬をずっとみてきた人間からすると、これはやっぱり寂しいのだ。トライアルレースをみて、どちらのトライアルを制した馬が強いのか、どのトライアルのレベルが高かったかとかを考えることが楽しみだった。今はその楽しみが消えてしまった。

アーモンドアイがＧⅠで九勝もできたのはＧⅠしか使っていないことも大きいとおもう。本番というのは一番消耗するし、アーモンドアイは激走した後は、脚を怪我したのかとおもうほど結構ふらついてもいた。だから本番を少なくして、完璧に仕上げて勝って、すぐ外厩や牧場に引き揚げさせるというのを繰り返す。「スポーツとしての競馬」を考えれば、ある意味ではいいことだとおもう。「スポーツとしての競馬の正当性」を考えれば、それがいき着く先として当然なのかもしれない。この問題は本当に両義的だとおもう。

最強馬の寂しさ

繰り返すが、私は、というか私たちの世代は、やはりジャパンカップの東京競馬場二四〇〇の2分22秒2は「絶対的な誇り」であって、それをアーモンドアイが完膚なきまでに打ち破ったということについては、もう何もいえない。2秒も違うわけである。2秒違うとは、馬でいうと、何十馬身も違うわけだ。

こんな記録を打ち立てられてしまったら、もう旧来の調教では敵わないのだな、ということが競馬をみているだけの私でもわかる。二〇一〇から二〇二〇年代は、根本的に馬のつくり方が変わってしまったと。アーモンドアイのような、機械みたいに完璧な馬をつくることがもう完全にできるようになった。アーモンドアイはひとつの日本馬の完成形として歴史に残るだろう。

でも完璧な馬というのは、あまり人気がでないのだ。日本競馬史上最強の馬といわれているシンボリルドルフは、一九八四年の三冠馬だが、その前年にも三冠馬のミスターシービーという馬がいた。シービーとルドルフとの戦いというのは、全部年下のルドルフが勝っている。だが、シービーの方がコアなファンは多いし、吉永正人の独特な騎乗スタイルとあいまってあの追い込みには独特の魅力がある。優等生型のシンボリルドルフと、それに騎乗していた岡部幸雄（岡部が不世出に名ジョッキーであることは確かだが）と比べるとそれがきわだってしまう。

またオグリキャップは、馬主がいろいろと変わり、それもあってかむしろ過剰なほどレースを使った。今では信じられないがジャパンカップの世界レコードは、前週のマイルチャンピオンシップ〔GⅠ〕をバンブーメモリーとのハナ差を制してからの連闘である。その過密スケジュールぶりは当時も非難された。けれどやはり目当ての馬を、頻繁にレースでみられる楽しさとそこで生まれるドラマ性は確実に人を引きつけていた。

その競馬場の光景をアーモンドアイが変えてしまった。アーモンドアイの後に、我々はどうやって競馬をみればいいのかという問題に直面するわけである。

三冠馬コントレイルの三冠の使われ方などは、もうアーモンドアイにそっくりである。二〇二一年のエフフォーリアも皐月賞前には共同通信杯を使っているが、その後はGⅠしか使っていない。皐月賞、天皇賞、有馬記念ときてすべて一着で、仕上げて狙ったレースだけを勝っていく。

だけどそうすると実際の馬の人気はあまり上がらない。観戦する方としては前哨戦を使ってほしいのである。前哨戦は、仕上げている途中なので、強い馬が負けたりする。別にそれでもいいのだ、前哨戦なのだから。馬としても仕上がっていく途中で、ひと叩きのみで本番を迎える。それは賭博的にもつまらない。計算がかなりいき届き、馬体管理、調教管理が完璧ななかで、本当に強い馬の弱点をみいだすのは難しい。賭博にはハプニングがあるから面白いという側面があるのだから。競馬自体がそうしたハプニングの連続である。ハプニングがあることが、賭けることの、つまり計算をした上でなおそこに何かの計算外、奇跡を織り込む。オグリキャップの引退レースもそうだし、最近だとパンサラッサの外連味のない逃げ馬の逃げ（二〇二二年の天皇賞秋もそうだが、なんといっても二〇二一年の福島記念が凄い）は大波乱を呼ぶ。その機会と密度が希薄になっていくなとおもうのである。

賭けることは変質したか

本当に強い馬が負けるということが少なくなった。それが、コロナ禍の影響という二番目の論点にかかわってくる。

二〇二〇年のコントレイルの三冠は、コロナ禍のなかほとんど無観客でおこなわれている。牝馬もデアリングタクトという無敗の三冠馬がでている。

両馬とも文句のつけられない名馬だが、この三冠には観客がいないということが影響していないとはいえない。観客の存在は、馬にとっては単純に邪魔だったりするわけだ。東京競馬場の大レースは、凄い歓声とファンファーレのなか、入場しなければならない。

馬からすれば、でていって、なぜか人間がギャーギャー騒いでいる。それを当然みている。もちろん、馬にも性格があるからそんなことはなんともおもわない馬もいれば、それで舞い上がってしまう馬もいる。気性が荒くなるというか、コントロールが効かなくなる馬もいるだろう。二〇二一年に開催された無観客の東京オリンピックも類似性があるかもしれないが、観客がいないと〝純粋レース〟になってしまう。つまり、シーンとした競馬場で完全に「かけっこ」をしているわけだ。コロナ禍のあいだに、観客がいなくなった。そして、一番人気の馬がGIでは勝つようになっている。この二つは関係があるのではないかというのは客観的なデータを参照していないので明確にはわからないが、やはり馬の「つくり方」の精度が、テクノロジー的に凄く上がってきてしまったということ、コロナ禍の無観客競馬場であることに、関連があるのではとおもっている（観客を入れはじめた二〇二二年の春のＧⅠは、これも因果性があるかはわからないが、逆に一番人気がよく負けた）。

コロナ禍以降の競馬場考

コロナ禍の話をしたから、二つ目の論点に移してみよう。新型コロナウイルスのパンデミックが起こってしまったのは、競馬にとっては（私たちにとっても）「たまたま」であって、本質的なことではないのだが、やはり一番驚くべき点は、ＪＲＡの売り上げが落ちていないことにある。それどころか、上がっていたりする。

普通、スポーツやギャンブルを考えたら、競技場に人がこない、入れないならば売り上げは当然落ちる。だから無観客はネガティブなものととらえられるのに、競馬だけは、少なくともマイナスにはなっていない。

その理由は明快で、「みな馬券をコンピューターで買うから」である。パソコンやスマートフォンで馬券を買うのがもう当たり前（多数派）になってしまったのだ。ただこれは二〇一〇年代からずっとつづいている話である。私も昔はＰＡＴ（インターネットや電話から馬券投票できるＪＲＡのサービス）で馬券を買っていた。昔からテクノロジーとしては存在していたのだ。

これは、大学の授業や国際学会でさえ遠隔でおこなうことが可能になったということとある意味パラレルな話である。テクノロジーでいえば大学だって、昔からリモートをやろうとおもえばできた。だが人間は保守的な生き物でもある。行動様式を変えるには圧力がいる。しかしコロナ禍になり、いわば遠隔授業や遠隔の学会は強制的にさせられるようになった。同じことが馬券投票にかんしても起きている。

人がいなくなった競馬場で

競馬には、ウインズや場外発売所という馬券を購入できる場所がある。私は競馬場以外では、足繁く梅田のウインズか、あるいは東京にいる時は後楽園の黄色いビルのウインズに通った。普通の人は東京ドームの横の黄色いビルはなんだかわからないとおもう。

ウインズというのは圧倒的に密閉空間である。たくさんのおっちゃんたちがテレビモニターに向かって叫んでいる。競馬場にいることを疑似体験できる場なのだ。これがコロナ禍になって一斉に閉鎖されるのもやむをえない（途中から馬券を売って映像は流さず、すぐ退去させるシステムになった）。

だが競馬場も、ウインズも閉鎖されてしまい、ＪＲＡは売り上げが落ちるのかというと、全然落ちなかったのだ。結局はパソコンで馬券を買ってもまったく問題がない、ということがわかってしまった。パンドラの箱を開けたようなものである。

競馬場は、一面では祝祭空間であり劇場的な場所でもある。場内には食堂から寿司屋蕎麦屋、はてはコンビニまでいろいろな店がある。だがそれは、かなりのコストもかかっている（ＪＲＡの競馬場は特定の時期の「土・日にしか」開いていないという特殊事情もある。「商売」としては年間一〇〇日くらいしか開けない「店」の営業は大変であり、ＪＲＡが支えているのは明らかだろう）。つまり経営面だけでみたら、競馬場は開けない方がいいわけだ。競馬施行日の掃除代や光熱費も無視できない。閉鎖してしまえば、維持費はともあれ、それらが全然かからなくなる。

馬券というのは、競馬場やウインズでは通常はマークシートで買うのだが、それを機械に、お金とともに放り込むと、馬券が発行される。私はオグリキャップ世代だから、マークシート派であるが、以前はもっと原始的で、窓口のおばちゃんに言葉で伝えて、馬券を買っていた（現在もそのかたちは若干残っている）。私たちの時代のマークシート化もある種の革命だったのである。最近ではスマッピーという、スマートフォンを用いて、買い目や金額を入力したものをＱＲコード化し、すぐに購入できる券売機も普及してきている。

マークシートという「紙」文化も隅に追いやられている。

ここにきてみなパソコンやスマートフォンで馬券を問題なく買えることが身についてしまった。またコロナ禍の巣ごもりでいき場のなかった大衆のレジャーへのお金の支出も、こうした装置がすい上げに回った。ＪＲＡとしてはこんな好機はない。

こうなってしまうと、競馬場で競馬をみるということがかなり変質するのではともおもう。

昔のファンにとってなぜ競馬場にいくのかというのは非常に明瞭で、「馬券を買いに」いっていたのである。なぜウインズにいくかというのはテレビやスクリーンがあって、みなで騒げるとかそういう意味があった。梅田も後楽園のウインズにも大きなスクリーンがあるし、ときには阪急デパートのスクリーンなどで、パブリックビューイングもおこなわれていた。みしらぬ者同士が、大勢で騒ぎながら、馬券を買う場所だった。

しかし、各人が自分の家で、あるいはスマートフォンをもち歩きながら馬券を買うということができてしまう。二〇二〇から二〇二一年の二年間は、その実証実験をおこなったようなもので、結果的に売り上げの面でＪＲＡには損害などなかったのである。

競馬場やウインズの人件費、光熱費清掃費もいらなくなった。場所をつくらなくてもお金は入ってくる、競馬のリアルに、ヴァーチャルなものが入り込んでくる。

では競馬場やウインズの意義は今後どうなっていくのか。以前は競馬場とは馬券を買いにいくところであり、さらにいえば、競馬場にいって「パドック」でリアルに馬をみることだった。もちろんレースの全体を記憶におさめる場所でもあった。

パドックで馬をみても、調子がいいとか悪いとかは素人には正直わからない。TV番組で武豊に地方競馬のパドックだけをみて馬券を買わせる企画があったが（JRA所属の武豊は、当然JRAの馬券は買えない。ある種のインサイダーなのだから）おおよそ外れっぱなしだった。プロの騎手がみてもそれだけで勝つ馬を当てるのは難しい。しかし、勝ち馬を当てる賭けという意味だけではなく、パドックで馬や騎手が間近を通ることは本当に楽しい。そして馬糞がゴロゴロしており、その独特の匂いが立ち込めることも、生き物としても馬が走るということを実感させてくれる。

ディープインパクトのクラシック前の若駒ステークスなど本当に馬体が薄くて驚いたこともある（名馬というのは本当に「薄い」。ゴツゴツしているのはアメリカダート短距離馬である）。やっぱりこういう経験は、競馬をすることに深く根ざしているのである。競馬場でも、あるいは大画面を通したウインズでも、とにかくパドックで馬を実際にみて、馬券をマークシートで買って、レースをみる。これが流れだったのである。

競馬場で反復運動

私は、コロナ禍前には学生を競馬場に連れていくこと（もちろん馬券購入は二〇歳以上です！）を習慣にしていたのだが、学生たちがはじめて競馬場にいった感想は、「わりと綺麗」というのと「結構みんなきちきち動いている」というものである。競馬場というところは、おっちゃん達が酒を飲んで、だらだらしているのを想像するらしい。だが、競馬場にいくと、結構な数の人間がみんなきちきち動く。レース時間も、三場開催の時などは、そんなに間があいていない。パドックをみて馬券を買って、ほかの競馬場にも気を払い、本番をみる。時間にきっちり縛られているのだ。

GIはとくに混みあうので、先に場所をとっておかないと、身動きがとれなくなることもある。トイレは先にいっておいてと学生に事前にアナウンスする。今はスマートフォンがあるが、以前は一度離れたら会うのが難しいこともあった。競馬場はあれやこれやのふるまいを教える場所でもあったのだが、コロナ禍で全部なくなってしまった。

でもJRAにとってもこれは偶発事である。コロナ禍の巣ごもり需要とも関連してくるが、コロナ禍以降の、賭博、とくにパソコンやスマートフォンさえあればできるギャンブルには、旅行などのレジャーに使うお金が回っている。いずれにせよ競馬場やウインズがなくなったところで、同じ額を儲けられる。そして競馬場やウインズを開けるコストを考えたら、閉めた方がいいのだと経験則としてわかってしまった。そうしたら、開けない方がよいに決まっているとなる。問題はそれを経験した上で変わる先がどこにいくかということだろう。

私は競馬場にいくことが好きで、おそらくほとんどの人間は「競馬場で馬をみるのが好き」なのだとおもう。例えば、競馬界だけでなく、世間的にも一大イベントである有馬記念。これは千葉県・船橋市にある中山競馬場で一二月の末におこなわれる。私は関西に単身赴任をしているのだが、実家に帰省する時期が結構微妙で、毎年、中山でみるのか、あるいは梅田のウインズでみるかの決断をせまられる。それが自分の年中行事として刻み込まれているぐらいみにいくことが好きなのだ。祝祭なのだから現場にいたいのである。

競馬場やウインズという「場」に依存しなくともＪＲＡは充分に儲けられることがわかった今、むしろ競馬場やウインズにみにいく、馬券を買いにいくということの意義が、さらに問われることになるだろう。

京都競馬場の改修

さらに、これはコロナ禍とは関係のないことだが、京都競馬場が二〇二〇年一一月から二〇二三年三月まで約二年半改築工事のために閉場している。二年五か月というのは結構な長さである。

ＪＲＡはこの不況下の日本において資金を潤沢に有している珍しい組織なので、おそらく完成後の京都競馬場は、あらゆる装置を最新型に変えるのだろう。

競馬場にいくと、巨大なターフビジョン〔大型映像ディスプレイ装置〕がある。私が競馬をみはじめた頃、導入された当初は凄く小さかったのだが、今や巨大なビジョンが当たり前になっている。東京競馬場にはそのさらに上をいく大きさの、超巨大ターフビジョンができている。

そういう意味でも、京都競馬場がおよそ二年半閉場し、改修にあたっているのは相当なことで、建物からターフビジョンから何から、建て替えてしまうのだろう。東京競馬場はすでに完全改築を終えており、私が競馬をはじめた頃のスタンドはもうないのだが、東京競馬場では完全封鎖はせず、部分部分で工事をおこなっていた（東京優駿と名指される日本ダービーは、何があっても東京の二四〇〇なのである。これが競馬の絶対的基準値なので動かさない)。だから京都競馬場が一気に約二年半休むというのはやはり異例なことであって、何を狙っているのかも気になる。東京競馬場もそうだが、新築の京都競馬場は、イメージでいえばおそらくラスベガス、香港、マカオのカジノの遊戯空間みたいなものになるのだろう。東京競馬場ではすでに、マークシート方式ではない、個人のスマートフォンで読みとって馬券を買う非接触型が導入されている。マークシートも用無しになってしまう未来があるのかもしれない(無論その上に、競馬場にきていながらスマートフォンで馬券を買う若者は少なくない。というかそちらが多数派になるだろう)。

ここから後、ＪＲＡの考える競馬場というのは、より洗練されたカジノ空間に類似したものになっていくのではないか。横浜や大阪で構想されているＩＲ的な統合型リゾート、というような感じになる気がしている。

その方向性は、もとよりコロナ禍とは関係ないものである。だがコロナ禍による馬券購買の変質、京都の長期改築は、偶然にもかさなりあい、競馬場がどんな空間かという意味に焦点化されてくる。

競馬場がもつ「生き物」性

他方で、競馬場という場所にいくとよくわかるが、そこには確かな「生き物」の感覚がある。パドックにいくとやっぱり動物の匂いがある。それは、馬が糞〔ボロ〕をするからだ。馬は常にボロをしている。馬は人間と違って草しか食べず、牧場にいるときなど間断なく食べている。干し草ばかりを食べて、あんな強い筋肉ができる。競走の前であれパドックであれ平気でボロをしている。本当の動物の匂いがパドックに存在している。

あるいは、東京競馬場のクラシックシーズンの最盛期、五月というのは、緑の芝が青々と茂っており、まさに薫風の匂いがする。「薫風ステークス」というレース名もあるが、季節を感じられる。

あと私が個人的に大好きなのは一二月の阪神競馬場だ。一二月の阪神競馬場というのは二歳のGIがおこなわれるので、三歳馬の前哨戦をよくみにいっていたのだが、冬至も近づくこの時期は、もうメインレースあたりで暗く、寒いのだ。

芝生の影響もあるとおもう。大きな公園にも芝生はあるが、それと比べるとやはり競馬場の芝生は広大無比である。野球場やサッカー場とかも大きいけれど、人間が実際に走れるサイズなので、意外と小さい。阪神甲子園球場なんかも、実際いくとこんな感じかとおもえてしまう。しかし競馬場は物凄く広い。観客も二〇万ぐらい入れられるわけで、もちろん人工的に整備された空間なのだけど、他方で物凄く広い自然空間みたいでもある（野球と異なり雨でも競馬は中止しない、公共交通機関が止まれば別だが。雪では中止になるが相当降るまでやっており、中継の画面が真っ白なレースというものもある）。

そうした自然空間に身を置く。四月の桜花賞や皐月賞、東京優駿が五月、宝塚記念は梅雨の季節で、菊花賞は秋まっさかり、有馬記念は年末だと。こういう「競馬の歳時記」があって、それは自分の身体に染みついている。それがライヴとしての競馬で、もう自分には欠かすことができない。

それが、コロナ禍が加勢するかたちで、カジノ的な意味での人工空間やネット上のヴァーチャル空間に競馬場が変わろうとしている。馬券を売る側からすれば、すべてコンピューター処理した方がいい。しかも馬券の発券機もなくして、個人のスマートフォンからすべてできてしまえば、もうあらゆるコストを削減できる。しかも売り上げは落ちないどころか上がる。ＪＲＡにとって、経営の面からみればこんなにいいことはない。

でも完全にそうなってしまったら、「競馬をみる」とか「競馬場にいく」という意味が、大きく変わってしまう。コロナが出現し競馬場にいけなくなった、コロナ禍とかさなるように京都競馬場が改修に入ったのはまったくの偶然のことだが、競馬をとりまく流れとして象徴的だなとおもう。

ライヴとしての競馬はなくなってしまうのか

例えばあと数年たって、みんなコロナ禍なんか忘れてしまい、競馬場に人が戻るのかもしれない。でもテクノロジーは進化していったら、後退はしない。それはテクノロジーの宿命みたいなものではないか。

コロナ禍での人流抑圧にまつわる実証実験はいろいろあったとおもうが、その点でいえば人流を抑えつつも興行開催可能で売り上げも落ちないJRAは完全な勝ち組だ。勝ち組であることが自分たちでわかったら、どこに力を入れればいいか明瞭になる。

ただその一方で、本当に馬券が一番売れるのはアイドルホースがいる時だ。オグリキャップや、トウショウボーイ、ハイセイコーの熱狂は、今とは時代が違うとはいえやはり凄まじかった。二一世紀だとやはりディープインパクト。アイドルホースがでてくると馬券が売れる。馬券も買うし、競馬場にもみにいこうという人がでてくる。

その意味で、JRAは「ライヴとしての競馬」もやはり捨て切れないとおもう。目の前に馬が走ってきて「おーっ」とおもうライヴ感。競馬しかもっていない魅力というか、絶対的なアドヴァンテージを競馬場はもっている。それは一回いけば誰にでもわかる。ほかの競技とは規模が桁外れに違う（フランスのジョッキーは、ジャパンカップや有馬記念に乗ってしまうと、うらやましくて日本にきたくなるという。ヨーロッパ競馬は一部を除いて大レースでも結構閑散としている）。

競馬場は、レースがある時は、朝から夕方まで一二レースある。三場開催だと三六レース。だけどひとつのレースというのは長くて3分、スプリント戦だと1分ちょっとである。2分で終わるスポーツはほかにはない。そこが変わったかたちのスポーツといえるだろう。

その一瞬のドラマ、不思議なライヴ感というアドヴァンテージをJRAが捨てるとはおもえない。生の馬をみたいとか、生の騎手をみたいという想いや、そこに桜や菊や風の匂い、「競馬場の歳時記」を感じる。そういうものを愛好する人はおそらく存在しつづけるし、JRAはその人たちを大切にせざるをえない。そういう人たちは、流行や時代によって、競馬から離れていくことはないのだから。

たんに賭けごととして競馬をやっている人たちは、もっと別に魅力的なギャンブルがでてくれば、そっちにいってしまうかもしれない。でも競馬は、固定ファンが必ずいて、それはウインズでゴロゴロ寝ているおっちゃんかもしれない。けど、やはりそのような人たちは大切なわけである。そうした人たちを大切にしながら、今後JRAがどのように舵とりをしていくかが大切なのだとおもう。

競馬は、その意味で二極化するのではないか。馬券はもうスマートフォンでいいんじゃないかと。システムはどんどん簡単にするので、各自スマートフォンで、あるいは場内でもスマッピーのようなＱＲコードで買ってくれよという方向にすすんでいくとおもう。

一方で競馬場は、カジノや賭博場のような、ある種の遊び場だとしても、他方で自然のなかの「ライヴ」というコンテンツとしての競馬は残る。このライヴとしての競馬をどう大切にするのかを考えていく必要があるとおもう。これは偶然にもコロナ禍があぶりだした大きな論点だとおもう。私はこの間、競馬場にもウインズにもいけず（もちろんある時期からＪＲＡのホームページで予約すればいけるようになったけれど、私は起きてふらりと気が向いたら今日はウインズか、今日は競馬場かと気分で決める人間なので、なかなかいけない）競馬場にいくことで精神を保っている身としては、鬱屈することこの上なかった。

競馬の季節性

フランスの凱旋門賞は一〇月の第一週におこなわれて、それでそのシーズンが終わる。

以降は規模が小さな競馬はやっているのだが、大レースはやっていない。近代競馬発祥の地、イギリスは五月から七月に大レースがある。夏は、フランスだと、ドーヴィルのバカンス競馬になる。アメリカは春の三冠、ケンタッキーダービーなどのほかは、秋のブリダーズカップが最大のレースの祭典だ。

もちろん地方の競馬場のレースは年がら年中、多種多様なかたちでおこなわれていて、昼も夜もやっていたりする。オートゥイユ競馬場のような障害専門の競馬場もあるし（あたかもマルセル・プルーストの世界である）、ヴァンセンヌ競馬場は、人間でいう競歩のような競馬〔騎乗速歩競馬〕や、トロットを引く繋駕《けいが》速歩競馬をやっている。フランスは馬券もＰＭＵ〔Pari Mutuel Urbain〕というカフェのように、あるいはカフェの片隅に無数に存在する場外馬券売り場で毎日売られている。だけど主要な競馬場の大レースは、ある時期に固まってしまっている。

これに対し日本、ＪＲＡでは、一月から一二月までびっしりとレースが組まれている。大レースがヨーロッパでは組まれない真冬に有馬記念というグランプリレースがある。どこの国でもそうなのだが、日本はとくに季節的な連動が激しいのである。

日本のクラシックレースはイギリスを模範にしたが、イギリスでは、菊花賞にあたるセントレジャーステークスは本来の良血の選定という意味は薄れてしまった。日本だけが、三冠に固執し、その三冠目は秋の京都である（二〇二〇年秋から二〇二三年春は改築中で阪神なのが残念なのだが）。

季節ごとのクラシック戦をやり、ジャパンカップか有馬記念で、三歳馬は古馬（四歳以上）と対決する。有馬が終われば翌年のクラシックに向けてレースがはじまる。日本は三歳クラシックの前哨戦からクラシックの第一弾・第二弾、夏の北海道戦を経て秋のトライアルへ、古馬は天皇賞秋、ジャパンカップから有馬記念。そこにスプリント戦（一二〇〇メートル）、マイル戦（一六〇〇メートル）、ダート路線が、それぞれのGI戦をもちながら絡みあう。こうしたストーリーラインがかなり明確に形成されている。

有馬記念という、売り上げ的には一番の大レースを真冬にやるのは、はっきりいえば日本競馬の賭博性が強かったためでもある。設立時はともあれ、これが大レースになっているのは冬のボーナスがあるという日本の習慣が大きく、このレースの売り上げが日本の景気の指標にもなっていて、年末の総決算感もある。今では香港の国際レース（一二月）やサウジアラビアの国際レース（二月）があるのでそうはいえないが、競馬大国で真冬の時期に大レースをしているのは日本だけであった。しかも有馬記念は、「年末」の季節感を表現するものとしてもはや欠かせない。

イギリス、フランスがそうしないのは、繁殖を重視するからだ。本当に強いとわかったらスパッと二歳で引退させてしまう馬もいる。クラシックを走らせなくても強いとわかったら、種牡馬にしてしまう。

経済性だけを考えるのなら日本もそれであっていいはずだ。だが、無敗の三冠馬コントレイルが、最強のパフォーマンスをおこなったのはおそらく二歳戦の東京スポーツ杯だとおもうが、それで引退させるというのは日本では故障を除けばまずありえない（幻の三冠馬といわれたフジキセキが弥生賞を無敗で勝って故障し、そのまま種牡馬になるなどのケースはある）。三冠戦がある意味絶対で、その後の古馬戦（コントレイルにしてみれば結果的に不運と早熟さで充分な競馬ができなかった）まで走らせる。それは季節ごとのクラシックやその後の古馬戦にはドラマの主役が必要だからだ。

日本競馬の独自性

いわば、日本はある種の競馬の興行というものが軸で、季節の風物詩であることと賭博性の混じった競馬が強固だったので、「馬本位主義」みたいなものはむしろないがしろにされてきた。それは「オグリキャップ・パラダイム」において大きく改善されるのだが、しかし日本は独特の、ライヴの興行として競馬を発達させた歴史がある。

そのなかで重要な役割をはたしたのが、競馬新聞だ。しかも無数にある。コンビニにこれほどたくさん予想紙が（インターネットで情報を集めるのが主流となった今でさえ）並ぶ国というのは日本だけだとおもう。また、日本のようにたくさんの人が予想をする国はない。イギリスだと数々のブックメーカーがあるが、それはオッズを決め、買い手との勝負をするためである。「予想の蘊蓄」なのではない。

また、日本のマスメディア、昔ではラジオ、テレビ、そしてインターネットの存在も特異である。ＮＨＫでも年末の有馬記念はＴＶ放送されるし、それとレースの話題をとり上げるスポーツ新聞もある。ネット上にはありとあらゆる予想情報が書き込まれ、最近はYouTubeで多くのレース予想や回顧、分析が流されている。実際に乗馬などの経験がある人のチャンネルもあり、私もかなり参考にしている。

最近はＪＲＡもすぐにパトロールビデオをネットに流したり、公式の映像をYouTubeにおいている。競馬場に人がきてもらうべく若者向けの話題の芸能人がでるコマーシャル（おっちゃんには大抵不評な、というか、出演者が一体誰だかわからない。学生はみんな知っている）を流し、メディアを介してＰＲしつづける。そのように競馬場のスペクタクル性、見世物性というのはやはり大切なのである。

近代競馬発祥の地、イギリスも独特ではある。ゴルフとの類似性はよく語られるが、競馬場自身が、自然のなかにある。イギリスのスポーツは、野生的で、自然の荒地みたいなところが多く、それを攻略するのがスポーツの醍醐味になる。競馬も同じだ。

それに対し、フランスの競馬場はイギリスのような野生の空間を使うというよりは、陸上のトラックレースに近いものをつくっている。日本の競馬場はそうしたフランスを真似しているところがある。

日本競馬は、やはり「大衆娯楽」であった。民衆の娯楽として、賭博場として、見世物として競馬というのが発端にある。戦後の復興期は国が税金を徴収するための胴元（地方競馬は地方自治体）となり発展してきたのである。今後も見世物やライヴとしての競馬は消えてなくなることはないだろう。

アイドルホースの存在

少し話がそれるが、こうしたライヴ性を牽引したのは、これまでも名前をだしてきたアイドルホースたちである。

過去に牡馬で三冠を達成した馬は、一九四一年が最初でセントライト。その次に一九六四年のシンザン、その後はミスターシービー〔一九八三年〕、シンボリルドルフ〔一九八四年〕

とつづく。三冠馬ではないが、ハイセイコー〔一九七三年クラシック組〕が希代のアイドルホースであったことはいうまでもない。トウショウボーイ、テンポイント、グリーングラスの三強〔一九七六年クラシック組、全馬が有馬記念馬になっている〕は、テンポイントの悲運の死もあり、私は中学生であったがその雰囲気はよく覚えている。脇役陣も凄かった。私自身は何度もいうように、クラシックの出走権がなかった（地方競馬出身でクラシック登録をしていなかった）オグリキャップから競馬を本気でみだしたが、オグリキャップをとりまく熱気は、引退レースの有馬記念〔一九九〇年〕の映像をみていただければそれだけでわかるだろう。日本全体が異様な雰囲気に包まれていた。

今、競馬グッズとしてぬいぐるみが売っているし、後の話題になるが『ウマ娘　プリティーダービー』〔『ウマ娘』〕（Cygames）というコンテンツが大はやりだが、世間をにぎわせる競馬人気のはしりはなんといってもオグリキャップである。ハイセイコー時代にもぬいぐるみはあったかもしれないが、ハイセイコー人気を特徴づけるのは引退時に騎手の増沢末夫が歌った『さらばハイセイコー』であり、あるいは同名（曲の歌詞ではない）の寺山修司の詩であった。

ハイセイコーという馬は、地方出身の成り上がりの無敗馬だった。でも中央〔競馬〕にきて負ける。東京優駿に負けたということが逆に人気に拍車をかけた。そして菊花賞でまた負ける。勝てるところで負けるのだ。そのストーリーによっていよいよハイセイコー人気というのが高まってしまう。オグリキャップもどちらかというとハイセイコーに似ていて、地方の笠松競馬場からでてきた馬で、そこにはいろいろなドラマがあった。

アイドルホースを軸とした、ライヴとしての競馬。これはオグリキャップ以前の日本の競馬でも、賭博場・鉄火場という雰囲気とともに軸をなしていたし、それが昔の日本中央競馬会の、日本独自の番組編成（有馬記念という年末のグランプリで集大成をするわかりやすい構図）にあったことも確かである。それはもちろんメディアを通じ形成されたものでもあった。だが人の多くは競馬場でみていた。二〇万人近くを収容可能な施設で、大勢の観客の前でオグリキャップは走った。そのライヴ感が、コロナ禍以降の競馬場で消えるということはありえないだろう。ＪＲＡは、インターネットですべてが完結できる状況と、海外のカジノのような施設、それとライヴとしての熱狂との折りあいのなかでどのようにコロナ禍後の競馬を考えていくのか、競馬を長年みつづけている者にとって興味深いものがある。

さて、散々本題に入るためのはしがきのようなものがつづいたが、ここからようやく「オグリキャップ・パラダイム」について語る準備ができたともいえる。「オグリキャップからアーモンドアイまで」というこの三〇年は、賭博・ギャンブルとしての競馬からスポーツとしての競馬への一大転換点だった。それは私自身が現場で（フランスでの五度の凱旋門賞も含む）生身で競馬に触れた歳月であった。

この時期は、武豊の時代（一九八七年デビューの彼もすでに五三歳〔二〇二三年一月現在〕になる）でもあり、栗東トレーニングセンターの「改革」を軸とした関西馬の時代でもある。これは平成元〔一九八九〕年第五六回以降の東京優駿三四戦のうち、関東〔美浦所属馬〕六勝、関西〔栗東所属馬〕二八勝、なおかつ平成元年のウイナーズサークルと平成二〔一九九〇〕年のアイネスフウジンを除くと一九九一年以降の関東所属のダービー馬は四頭になってしまうこと。この数字と、関西馬年間二〇〇〇勝以上（これは関東馬が一五〇〇勝を切ることを意味する）の年があることが決定的な「関西優位」の証拠でもある。

また「オグリキャップ・パラダイム」のこの三〇年で、競馬場はガラリと変わった。それはアーモンドアイという「スポーツとしての競馬」の「完成品」をだすことで終結したひとつの時代であったのかもしれない。このあいだにさまざまな規制が撤廃された。地方登録馬だったオグリキャップがクラシックにでられない理不尽も、もともと岐阜笠松競馬場のトップジョッキーで、オグリキャップの主戦ジョッキーだった安藤勝己が中央競馬で騎乗できなかった規則もほぼなくなった。オリヴィエ・ペリエをはじめとする海外ジョッキーがJRAで騎乗できるようになり、ついにミルコ・デムーロやクリストフ・ルメールは免許を取得し「JRA所属の」ジョッキーになってしまった。海外競馬との交流は日常茶飯事になり、過去の「海外挑戦の悲壮感」などどこにもなくなった。ダート路線は整備され、スプリンターやマイラーにもGⅠの舞台が整えられ、適正ではない距離を走ることもなくなった。

次はこの時代、スポーツとしての競馬をつくった「顔」というべき二人の調教師の話を中心にしていきたい。

第38回ジャパンカップでレースレコードをたたき出した〔共同通信社〕

アーモンドアイ

2015年生まれ／牝／父　ロードカナロア／母　フサイチパンドラ／最終戦績　15戦11勝（桜花賞・オークス・秋華賞・ジャパンカップ2勝　ドバイターフ・天皇賞秋2賞・ヴィクトリアマイル）

母親より強い娘というのは考えてみればたくさんいるに決まっている。ただし、母馬がそれなりにクラシックで好成績を収めていると、みている側にとって何々の娘だということになる。ダイワスカーレット〔桜花賞、秋華賞、エリザベス女王杯、有馬記念〕はあきれるほど強かったが、クラシックでは優等生ながら、結果はよく健闘しましたという域をでないスカーレットブーケの

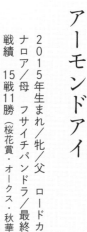

娘なのである。同様にアーモンドアイは、いかに強くとも、いかに速くとも、私にとってはフサイチパンドラの娘なのである。

フサイチパンドラはけっしてきらいな馬ではない。桜花賞のトライアルとしては変則的なフラワーカップの二着で、キストゥヘブンが勝った桜花賞にでてきた時にはおそらく印をつけたとおもう。桜花賞では惨敗であったが、優駿牝馬二着、秋華賞三着の戦績はそれなりに優秀なものである。だがこの馬を有名にしたのは、オークスと秋華賞で後塵を拝したカワカミプリンセスが一着入線したエリザベス女王杯で、カワカミプリンセスが斜行をとられ、繰り上がりのエリザベス女王杯馬になったことである。二〇二三年一月現在改築中の京都のスタンドで一部始終をみていた私はカワカミプリンセスとフサイチパンドラの馬券はもっていた。それゆえにカワカミプリンセスが降着になったことへの納得のいかなさと、なんといっても繰り上がりGI馬としてのフサイチパンドラという印象があまりに強力にのこっている。GI馬であるが繰り上がり。どこか中途半端で切ない馬なのである。けっして弱い馬ではないが、自ら主役を張る役回りではなかった。

アーモンドアイが道悪のシンザン記念を圧勝して桜花賞に出走してきたといっても、私にとってのアーモンドアイはフサイチパンドラの娘にすぎない。しかも父が関西安田隆行厩舎のロードカナロア、フサイチパンドラは関西白井寿昭厩舎なのに、どうして所属厩舎が関東の国枝栄厩舎なのかと、関西馬贔屓である私にはこれも納得がいかない。しかしながら、本文でものべたように、三冠はともあれ、あの2分20秒台のジャパンカップをみてしまえば、もうこの馬に文句などいいようがない。狙ったGⅠしかとりにこない、つまり前哨戦をまったく使わず、外厩で仕上げて、GⅠを勝っていくのみという競馬を愛する者にとってたいへんにつまらない使い方も、この馬独自というよりはここのところの（私設の外厩が公式のトレセンよりも充実しているという）事情をみればやむをえないのかもしれない。しかし同じ国枝厩舎の牝馬三冠馬であるアパパネは、逆に前哨戦を負けて本番を勝っていく馬であった。それに対し、機械仕掛けのようにラップを刻んで平然と勝っていくアーモンドアイは、これまでの競走馬らしくない「異質さ」があり、その「異質さ」をどう受け止めてよいのかわからないものがあった。速いだろうが強いのか、途中から東京競馬場しか使わなくなったそのあり方はいいことなのか。確かに、アーモンドアイは強いのだろう。GⅠを狙い澄まして仕上げていく厩舎や外厩の努力は並みのものではないだろう。それはよくわかる。だが、競馬というのは、さまざまな条件のもとで、さまざまな相手とやってこそのものではないのか。

その意味で一回だけ大崩れした〔リスグラシューの九着〕四歳時の有馬記念は、香港国際に向かう予定がいくことができなくなり、四歳秋一走というあまりの使い方を避けるために無理矢理だしたのかもしれない。またこの馬とて、四歳時の安田記念はダノンプレミアムの徹底的なマークで勝ち切れず、五歳時のそれはヴィクトリアマイルからの短い間隔というよりも年下牝馬のグランアレグリアの切れ味に屈している。有馬記念の、これから内で延びるべきところを外からのサートゥルナーリア、リスグラシューにかわされて、もがくようにしながら画面から消えていったアーモンドアイは、コロナ禍で閉鎖状態を余儀なくされる梅田のウインズの忘れられない想い出である。少しだけ、母親のフサイチパンドラの「あまり勝たない」という相貌がみえたかな、ともおもって逆にほっとした。「負ける」ことの方が「勝つ」ことより鮮明に記憶される馬というのもそうそういるものではない。この馬が二〇一〇年代の日本競馬を代表し、それ以降の競馬世界を（予想もしなかったコロナ禍とともに）変貌させる一頭であることは間違いがないだろう。

第三章　ネオリベラリズムと二人の調教師

——アカデミズムや会社社会とまったくパラレルで、どこで折りあうかが難しいんだが藤沢的角居的な「暴力性」が時代の要請に即応していたことも事実。そして角居は自ら早期引退し藤沢も消える。今後が少し不安なのもこれも確かなのだけれど彼らの（とくに角居の自発的な）退場というのは示唆的におもえる。

（2022年2月24日 tweet）

オグリキャップと武豊

前章で使った「オグリキャップ・パラダイム」について、もう少し詳しく説明してみよう。

オグリキャップと武豊は、偶然であるのだけれどもデビュー年が同じで一九八七年である。彼らが火をつけた競馬ブームは、一九九〇年代を競馬界の絶頂期に押し上げている（有馬記念の売り上げ最高額が一九九六年のサクラローレルの有馬記念で、八七五億円である。以降、日本経済の停滞で一時期三四〇億まで下がったが、このところまた五〇〇億近くまでもち直している）。

その時の競馬の盛り上がりは、やはり武豊がアイドルジョッキーという枠を越えて本当に世間的な意味でアイドルであったことにあるだろう。それ以前にも田原成貴など、コアなファンをもつジョッキーはいたとはいえ、二〇歳でクラシックから天皇賞までを勝ちまくり、一気にリーディングジョッキーになった武豊は、アイドルホースであったオグリキャップとほとんど同期して、誰が仕組んだわけでもないのに競馬の爆発的な人気に貢献した。

だがオグリキャップと武豊ということでいえば、この両者は、最初はむしろライバルともいえる関係だった。オグリキャップに最初に騎乗していたのは、河内洋、岡部幸雄、南井克巳であった。

一九八九年秋の天皇賞のオグリキャップ〔南井〕対スーパークリーク〔武〕、マイルチャンピオンシップのオグリキャップ〔南井〕対バンブーメモリー〔武〕などは、伝説の名勝負である。

その武豊は、一九九〇年の安田記念でたまたま一回騎乗して勝っている（ちなみに私はこの安田記念はオグリキャップのベストレースだとおもう。オグリキャップの最適な舞台は東京のマイル戦だった）。しかし、宝塚記念はお手馬のスーパークリークとかちあい（結果、スーパークリークは出走せず）再び手を離れた。秋にはオグリキャップはまったく結果がだせず、最後の有馬記念に乗り馬がたまたまいなかった武豊に回ってきた。

この有馬記念は中山競馬場の四コーナーでみている。よくいわれるように「最後の挨拶」とでもいうように、四コーナーをすーっと上がってくるオグリキャップを私は何かの奇跡でもあるかのように眺めていた。漫画でもこんな結末はベタすぎてありえないだろうという引退戦でのオグリキャップの復活と、中山競馬場の熱気は、日本競馬にとってひとつの伝説であるし、正直自分が「そこにいた」ということは生涯忘れられないことのひとつであることは確実だ。

一九九〇年代の競馬はオグリキャップと武豊を引きつぐようにすすんできた。この時のJRAのテレビコマーシャルがタレントの賀来千香子と柳葉敏郎であったことも象徴的だ。当時の若者向けトレンディードラマみたいで、競馬場は清々しいところで、カップル（あるいは小さな子連れの夫婦）でいこうよみたいな雰囲気になっていった。この一昔前の雰囲気は寺山修司が、一人で東京競馬場に孤独にじっと佇んでいる一九八〇年代の競馬場のイメージだ（それもまた、まさに競馬場らしいのだが）。そこから確実に大きなパラダイムシフトがあった。

後で書くようにこうした変化は、日本社会のグローバル化とネオリベ化に即応したものである。そのなかで「スポーツとしての競馬の正当性」が喧伝されるのも、世界的な時代の流れにほかならない。考えてみれば、サッカーのJリーグも一九九〇年代の初頭にはじまっている。サッカーだって、社会人チームがプロスポーツになり、世界をみすえてワールドカップを目指そうという話になってきた。競馬も同じである。それはだいたい一九九〇年代にはじまっている。

そうしたパラダイムの発端に武豊のデビューとオグリキャップの活躍があったのは繰り返すがただの偶然だ。しかしこの偶然は、どうにも偶然とおもえないくらい、まさに時代を「画した」ものであったのである。

二人の調教師

こうした競馬のスポーツ化を圧倒的に推進したのが一九八〇年代後半にデビューした藤沢和雄という調教師、トレーナーである。彼はまず、野平厩舎に所属する、一九八四年の三冠馬のシンボリルドルフの調教助手として名を馳せ、その後に調教師になって厩舎を開業した。

それに約一〇年遅れて二〇〇〇年代、二〇〇一年に角居勝彦が、関西で調教師になった。この二人の調教師の活躍は、日本競馬のここ三〇年にとって、その原動力になったといってても過言ではない。とにかく革命的なことをやる。

藤沢は二〇二二年の二月に七〇歳、ＪＲＡの規定の定年で引退した。角居は二〇二一年の二月に、五七歳で自ら職を辞している。

角居は一九六四年三月生まれだ。私は同年の五月生まれなので、学年はひとつ違いなのだが、ほとんど同じ年齢であり、彼が五七歳で、ＪＲＡのトップトレーナーという地位をなげうったことにはやはり同世代として考えるところがあった。

「オグリキャップ・パラダイム」の、いわば裏方の主人公であるこの二人が次々と競馬場から去ったことは、やはり後の競馬を考える上で、非常に大きい。

競馬において、調教師は誰がやっていたか。凄く雑駁ない い方をしてしまうと、従来までは、馬に乗れなくなった騎手が調教師をやっていたのが大半であった。武豊のように体重五〇キロ以下を維持して五〇歳代まで乗っているというのは、本当に大変なことである。そうした意味で、騎手は減量が絶対要件になるボクサーのような部分がある。ミスターシービーの主戦騎手であった吉永正人が減量苦に悩まされていたことは有名だ。馬に乗れなくなった騎手のひとつの道として調教師があった。それは今も変わらない。

そして競馬は実に古風な伝統的家内産業の部分が存在する。

今注目されている若手ジョッキーの横山武史は、騎手横山典弘の三男だ。横山典弘自身が元騎手だった横山富雄の息子であり、武史の兄の和生も二〇二二年にタイトルホルダーでＧⅠを勝って凱旋門賞に向かった。武豊だって競馬関係者としては三代目で、デビュー時は武邦彦の息子といわれていた（ただし彼は数年で、トウショウボーイの有馬記念などで関西競馬の希代の名手であった武邦彦の方を「武パパ」にしてしまった）。ようするに、騎手はほとんどが伝統的家内産業内部の職人であり、その引退後の仕事が調教師であった。それが現実である。二〇二二年度のリーディングジョッキーとなった川田将雅にしても父親は佐賀競馬の騎手。女性ジョッキーで台頭している今村聖奈も、父親はおもに障害競走を乗っていた騎手である（父親の平地競走の生涯勝ち鞍は、デビュー一年目の新人である娘がすでに抜いてしまった）。

競馬社会がいかに伝統的な家制度に従った世界であるかはおわかりいただけるとおもう。ところが藤沢と角居の二人は、騎手上がりでもなく、競馬を生業とする家系からでもなく、別の世界からでてきている。競馬の世界（競馬サークルと呼ばれる美浦や栗東のトレーニングセンターで血縁のただなかにいる多くの人間）にとって明らかに異質な出自をもつこの二人が、九〇年代以降の日本競馬の革命に大きな力を発揮したというのも、当然といえば当然かもしれない。彼らは「外部からきた余所者」なのである。関東と関西のトップトレーナーになってなお、彼らは「余所者としての異端児」という雰囲気をずっとキープしつづけ、それを強みとしていた。

ただ藤沢と角居にとって決定的なのは、日本の北海道の牧場で働き、ＪＲＡの厩務員になりながらも、外国にいって競馬を学んでいるということがあるとおもう。しかも比較的若い時期にである。現在の例えでいえば、矢作芳人調教師（コントレイルの調教師として有名で、東京の進学校である開成高校出身）は高校を卒業してすぐオーストラリアにいっている。同じように、騎手上がりではない。

日本のプロ野球も同じで、プロ野球の有名な選手が監督になることには賛否がある。さらにいえば、現在のメジャーリーグの監督も元スター選手がいないのは、選手としての経験よりも野球技術の知見が重視されていることの証しだろう。馬の世界も、以前は調教師というのは騎手がなるものだし、大昔は馬の管理から調教まで全部一人でやっていた。調教師が自ら馬に乗ってレースにでている時代もあった。歴史的にみると調教師と騎手が同じ人間で、なんだこれはという感じである（プレイング・マネージャーという風情である）。

そこから分業制がどんどんすすんでいった。藤沢が一九九〇年代に日本にもち込んだやり方と、二〇〇〇年代角居がもち込んだやり方は、騎手上がりの仕事ではない「調教師のプロ」が現れたということである。それは間違いなくスポーツとしての競馬を推しすすめるものだ。

彼らは外部の人間であるので、それまでの競馬の世界にとって、非常識なことをどんどんする。非常識なことの最たるもの、その一番は馬を海外の競馬にもっていくことである。もちろん日本の競馬には、昔から競走馬を海外にもっていく流れはあった。シンボリルドルフの野平祐二調教師は凱旋門賞にこだわっていたし（一九六九、一九七〇年と史上初の有馬記念二連覇を成し遂げているスピードシンボリの一九六九年の凱旋門賞挑戦が初の日本馬の凱旋門賞出走である）、シンボリルドリフの最終戦はアメリカである〔着外〕。だがそれらは、まだ単発の打ち上げ花火にすぎないものであった。

日本の盤石な組織と縁故に守られた競馬場で〝箱庭競馬〟をやっていればよいという考えが大勢だったのである。ファンは日本で馬をみたいし、儲かっているからいいじゃないかというのも確かである。しかし他方で、ジャパンカップは一九八〇年代からはじまっている。第一回ジャパンカップは、アメリカのＧＩさえ勝っていない六歳〔現在の馬齢では五歳〕牝馬メアジードーツが、日本の天皇賞馬を蹴散らしている。ＪＲＡ自身はすでにこの頃からグローバル化の準備をしてはいる。ただ、そうした理念を本気で実装できる人間はいなかった。藤沢と角居が現れるまでは。

藤沢は、一九九八年に、ジャック・ル・マロワ賞というフランスのGIをタイキシャトルで勝っている。その七日前にはアメリカ産馬のシーキングザパール〔森秀行調教師〕で武豊が勝利している（森は二〇二三年一月現在も現役であるが九〇年代の厩舎開業時は、藤沢と並んで海外GI挑戦の常連であった。彼もまた競馬サークルの出自ではない）。それ以前までは日本の馬が真顔で海外のGIを勝てるとおもう人はそうそういなかったとおもう。藤沢は、そんなセオリーはとにかく無視する。タイキシャトルの勝利の前に、藤沢はタイキブリザードをアメリカのブリーダーズカップクラシックに、シンコウキングを香港に連れていっている。二〇〇〇年代には（血統的にあっているというのもあるが）カジノドライヴをアメリカのクラシックにもっていっている。すべての行動が破格である。そんな調教師は藤沢以外には、ほんの僅かしかいなかった。そして動きの鮮やかさにおいて藤沢が群を抜いていた。

海外挑戦以外にも、藤沢にかんしてよくいわれることに、馬本位主義というものがある。とにかく従来の馬の使い方からは常識外れのことをする。

前述した通り、藤沢は二〇二二年の二月で引退したのだが、ＪＲＡにとってみれば、記録的な大調教師、名トレーナーだ。しかし二〇一七年の東京優駿（日本ダービー）をレイデオロで勝つまで、競馬にとって絶対的な目標であるダービーを勝てていない。これだけの調教師が長期間ダービートレーナーではなかったというのは不思議なのだが、藤沢自身がよく語っていたことは、「競走馬はマイルが基本」ということである。一部の馬を除けば、二四〇〇のクラシック頂点戦に、馬をもっていきたくないかのようでさえある。圧倒的なトップトレーナーなのに、きわめて異例なこととともおもえる。だがその理由は、ペルーサの例をみればよくわかる。

二〇一〇年の東京優駿はエイシンフラッシュが勝った年なのだが、藤沢厩舎にはペルーサという馬がいた。この馬の何が凄いかというと、無敗で皐月賞トライアルの若葉ステークスを勝って三戦三勝なのに皐月賞は使わない。「東京向き」で中山競馬場ではレースはさせたくないというのがその理由で、無敗で皐月賞トライアルを勝っておいて何をいうのかと競馬ファンなら誰もがおもう。結局ペルーサの次走はダービートライアルの青葉賞で、ここを勝って四戦四勝である（ちなみに青葉賞は、藤沢ダービーとよく揶揄された。藤沢馬はここを勝ってダービー二着が多いのだ。後にＧＩを何勝もするシンボリクリスエスやゼンノロブロイは青葉賞を勝ってダービー二着である。ダービーを勝たせるのが仕事のはずなのに、これでは何がなんだかわからない）。

皐月賞を捨ててダービーを照準にしてきたペルーサの使い方をみて、私は「これはもう藤沢が、本気でダービーをとりにきた」とおもった。普通藤沢の馬は人気になるので買わないが、このときは観念して本命を打っている。結局、みせ場なしの六着。本当に藤沢らしい。なんだったんだこれは、という脱力感。

こんなことを藤沢以外の調教師がやったら批判で火だるまである。しかし藤沢は藤沢なのだ。彼は「馬にとって最良のことをやっているだけである」と涼しい顔をして、すべての批判をかわしてしまう。藤沢がやることに文句をつけられる人は誰もいなくなる。


それまでの競馬社会のほとんどは縁故でなり立っていることを考えたら、その習慣や慣習は、自分の父親や祖父がつくってきたものだ。それを自ら否定するのがいかに難しいか、親類縁者の世界ではよくわかる。また、競馬が日本国内で、優良な公営ギャンブルとしてなり立っているので、黙っていれば大儲けできるのだから、それに波風を立てる必要もないはずだ。従来の日本社会自身が、外部者を排除する陰湿な社会だといわれているのに、それに輪をかけて血縁社会がどんなものか、誰でも想像がつく。

だが、ＪＲＡもジャパンカップをはじめた時に、グローバル社会のなかでの「スポーツとしての競馬」にきちんと舵を切っている。それに乗っかったのが、藤沢であって、三〇年間近く藤沢が、競馬の中心であったことは、時代の本質であるともいえる。

中央と地方

藤沢の三〇年というのは、オグリキャップと武豊の時代、「オグリキャップ・パラダイム」と完全に一致している。

オグリキャップに話を戻してみる。繰り返しになるが、オグリキャップは地方・笠松の出身馬で、今でもテレビ番組にもよくでてきている安藤勝己が、笠松競馬時代のオグリキャップの主戦ジョッキーであった。安藤勝己自身が笠松の伝説的な騎手で、後に中央競馬入りしてキングカメハメハで東京優駿を勝ってもいる。だが安藤勝己は、中央競馬のオグリキャップに乗る権利が当時はなかった。オグリキャップの鞍上がころころ変わったのも、それがひとつの理由である。

オグリキャップの一番の悲劇というのは、なんといっても東京優駿にでられなかったことである。一九九八年の四歳馬〔現在の馬齢では三歳〕で一番強い馬は、オグリキャップだろうとみなわかっていた。けれど、オグリキャップは、笠松競馬場出身で（そのとき地方出身は○地馬と区分されて書かれたのだが）クラシック出走権利がなかったのだ。だから皐月賞もダービーもでられなかった。しかし、後の皐月賞馬のヤエノムテキを毎日杯であっさり下している。当時はダービー翌週に設定されていたニュージーランドトロフィーは、東京競馬場のマイル戦ということもあり、馬なりのままの圧勝。フジテレビの解説者の大川慶次郎が「桁違いですね」となってみせるしかない競馬であった。

競馬をみているものは、強い馬が強いレースをするのがみたいのである。地方馬でクラシック登録がなかったからとか馬主が中央競馬の馬主ではない（結果、オグリキャップはトレードされて中央入りした）とかいうのは、スポーツとしての競馬にとっては余計なことでしかない。

結論からいえば、オグリキャップは競馬の規則をさまざまに変えさせた。

ひとつ目はクラシックの追加登録ができるようになったことである。オグリキャップのような事例がでてきた時は、追加登録ができるようになった。

二つ目は免許の壁である。地方競馬のトップジョッキーだった安藤勝己が、中央競馬で乗れないというのはおかしいという話が上がっていたのだが、いうなれば、免許が違うのだ。

中央競馬は、農林水産省がだしている免許である。一方で岐阜県の笠松競馬は岐阜県がだしている。地方競馬全国協会〔ＮＡＲ〕という地方競馬組織があり、ＮＡＲのなかでは融通が利く。でも日本中央競馬会〔ＪＲＡ〕は地方競馬のジョッキーを乗せられなかった。昔の考えでいうと、管理の問題というのがある。もちろん賭博の世界だから、八百長の排除が絶対要件であり、神経質にならざるをえないという、理解できる事情もあった。

しかし、オグリキャップと安藤勝己というセットは法律を変えたのだ。地方競馬のジョッキーでも招待すれば乗れるようになる。

九〇年代にライデンリーダーという馬が地方の笠松にいた。一九九五年の桜花賞に出馬し、一番人気で負けてしまったが、その時に安藤勝己が、中央競馬のＧＩに乗っている。これはオグリキャップの余波である。その後では、地方のジョッキーは正式にＪＲＡの騎手になる道が開かれる、岩田康誠や小牧太、内田博幸など、地方のトップジョッキーがどんどんＪＲＡに入ってくることになる。

中央と地方の壁の崩壊の次に何が変わったか、それは海外競馬と日本競馬の壁が壊れたことである。

崩したのはやっぱり藤沢調教師と岡部幸雄騎手だろう。先にのべたように彼らはどんどん海外にいく。次いで武豊が海外にいくようになる。武豊はずっとリーディングジョッキーを獲得しているのだが、二〇〇〇年代になると、かなりの期間日本競馬を休んでアメリカやフランスにいったりしている。凱旋門賞にも乗り馬がいなくともでかけたりする。たまたま騎手が乗れなくなった馬がでる可能性もあるからだし、そもそも凱旋門賞を現地でみたいのだろう。

すると次に、外国人騎手や外国馬が、日本国内で乗ったり、海外馬が日本競馬を〈ジャパンカップのような限定したレースだけではなく〉走らせるべきではないかということになる。日本競馬のステータスを上げるためには、それも不可欠だ。海外から日本へという逆の動きが起こるのである。

これもすでにいったことだが、オリビエ・ペリエは一九九〇年代から日本にきていた。二〇〇〇年代の藤沢厩舎の主戦ジョッキーはペリエであり有馬記念三連勝など藤沢の馬で達成している〔二〇〇二年から二〇〇四年でシンボリクリスエス二勝、ゼンノロブロイ〕。今のクリストフ・ルメールやミルコ・デムーロは、完全にJRAの免許を取得している。

馬にかんしては、外国馬に開放すると日本のレースが席巻されてしまうという言説は方々にあった。現在は重賞であれば地域を問わず海外馬はでられるはずであるが、実態はマイル戦やスプリント戦に香港馬がくるぐらいである。二〇二二年は久々にエリザベス女王杯にアイルランドオークス馬が出走するということで楽しみであった。しかし当然のことながら日本のレースにだすためには輸送費が膨大にかかる。元をとらなければどうにもならないので、そんなにくるはずもない。競走の海外開放時の大山鳴動のような騒ぎはなんだったのかとさえおもう（その時の開国反対派の競馬評論家は何人も覚えているが、今の状況をみて何というのだろうか）。馬主についても、現在は充分に門戸が開かれるようになった。オグリキャップの時代からの延長にこうした事態がある。

世界のスミイ

角居勝彦について触れてみよう。

角居の凄いところは、いわば一九九〇年代に藤沢が引いたラインの上で、一層それを強化するような、発想としてちょっと大丈夫か、みたいなことをどんどんやって、なおかつ、あっという間に成功したところにある。それと同時に、本人はさまざまな騒動も引き起こしてもいる（そしてそのあり方に私は深く共感する）。

角居のはじめてのＧⅠ勝利というのは、二〇〇四年のデルタブルースの菊花賞であるが、その後に二〇〇六年のオーストラリア・メルボルンカップＧⅠにもっていって勝っている。

ちなみにその二着馬も角居厩舎のポップロックで、海外ＧⅠでワンツーの快挙である。

デルタブルースの菊花賞の翌二〇〇五年には、シーザリオという優駿牝馬〔オークス〕

勝ち馬をだしている。シーザリオはエピファネイアの母親であり、二〇二一年の年度代表馬エフフォーリアの父馬がエピファネイアだから、エフフォーリアにとっては父の母になる。繁殖でもシーザリオ系はロザリンドを通して二〇二一年のジャパンカップ二着馬オーソリティを輩出している。シーザリオ系は日本競馬のなかでますます影響力を強めていくだろう。

このシーザリオという馬は、二〇〇五年の優駿牝馬を勝った後、角居はただちにアメリカに連れていって、アメリカンオークスを勝っている。日米オークス馬になっているのだが、そんな馬が今後誕生するともおもえない。常識的に日本のトレーナーはそういう使い方をしない。だが、角居にしてみれば、アメリカであれどこであれ、そこに適切なレースがあったというだけのことだろう。

その後も角居はドバイに、香港に、フランス凱旋門賞に馬を連れていく。ここら辺から一気に日本のトップトレーナーになり、それどころか「世界のスミイ」にのし上がっていく。二〇一〇年代になるとこれが当たり前になり、今は矢作厩舎の積極さが目立っている。だが、角居が先駆者の一人であったことは間違いがない。

また角居の最高傑作の一頭が二〇〇七年、六四年ぶりの牝馬での東京優駿馬であるウオッカであることは誰もが同意するだろう。だがウオッカは牝馬クラシックの第一弾桜花賞ではダイワスカーレットに負けているのである。普通はここから優駿牝馬にもっていき、ダイワスカーレットへの逆襲を目指すところだ（両馬は二〇〇八年の天皇賞秋で、ほぼ着差なしの死闘を演じており、僅かにウオッカが差して勝利を収めている。東京競馬場でみていた私も、本当にどっちが勝ったといわれてもおかしくない競馬だとおもった）。だが角居はウオッカと東京競馬場の適性をみぬいて、牡馬戦のなかに牝馬のウオッカを放り込んだ。牡馬クラシックと書いたが、皐月賞・東京優駿・菊花賞は、基本はオープンであり、牝馬も出走できる（牡馬クラシックには牡馬は出走できない。またクラシックは繁殖馬選定競争でもあるので、せん馬＝去勢馬は出走できない）。かつてもビワハイジ（現在の馬齢では二歳GI馬で、ブエナビスタの母馬）など、ダービー挑戦する牝馬はいた。しかし、狙って東京優駿を勝ちにいき、それで実際に勝ってしまうというのは、競馬の世界からすると「常識外」なこのうえない。

藤沢が切り開き、角居が変えた競馬場の景色がある。彼らは、海外と日本、歴史的に構築されてきたレースの文脈、牡馬と牝馬、中央競馬と地方競馬を、なんのこだわりもなく、合理的に使い分ける。こういうことは、藤沢・角居以前には考えられなかった。昔の日本社会を考えるとわかるとおもうが、「波風を立てずにうまくやろうよ。みんなで」みたいな感覚だろうとおもう。地方競馬にしても、中央競馬にしても、しきたりを踏みにじられるのを嫌う人は多いだろう。角居はそんなしきたりを鮮やかに飛び越えていく。

海外挑戦

そもそも調教師にとって海外にいくメリットは何か。もちろん賞金が高額であるという点は無視できない。ドバイ国際競走などは大変わかりやすく、勝ち馬の賞金が一三億円あたりになる。だが、はじめに藤沢や森がいったフランス・ドーヴィルでの夏競馬なんて、正直大した金額ではない。ちなみに凱旋門賞の開催のたびに日本馬の勝利が期待されているが、凱旋門賞に出走するには多額の費用がかかり、馬一頭を連れて帰ってくるだけで一億円かかるともいわれている。馬だけでいくわけにもいかず、人も動くし、フランスに滞在する場所、フランスでの調教場所もみつけなければならない。一億円かかるわけだから、一億円以上儲かってくれないと、元がとれないわけだ。

だからそこら辺は難しいのだが、ドバイやアブダビ、サウジアラビアなどで現在さかんな国際競馬は、完全にお金で誘っている部分がある。わかりやすく高額賞金を売り物にするので、世界中のありとあらゆる強い馬が集まり、結果的にレースの質も、ついで格も上がってくる。

日本馬は凱旋門賞に勝ったことがないが、実をいえばアメリカの馬も勝ったことがない。しかしアメリカの馬が弱いというわけではない（むしろアメリカのダートしかほぼ走ったことのないサンデーサイレンスやブライアンズタイムが、種牡馬として日本の芝レースを席巻したことを考えれば強いに決まっている）。アメリカは主流がダートなので、芝の二四〇〇のレースをわざわざヨーロッパに使いにいく理由がないのである。だが日本競馬は、芝の二四〇〇にこだわる。凱旋門賞こそが夢の舞台となる。

歴代の日本馬の成績は、二着が四回で、エルコンドルパサーとナカヤマフェスタ、オルフェーヴルの二回。二着はあるのだが、一着になったことがない。ディープインパクトは、三着入線。風邪薬の残存といわれているが、最終的には禁止薬物の検出により失格ということになっている。

話を複雑にさせるのが、競馬はお金という経済性を無視できない点である。純粋に名誉が重要なわけではなく、儲かることが競馬に関係しないということもありえない。

九〇年代以降の藤沢や角居の方向性は一面では「スポーツとしての競馬」を徹底的に推しすすめることに貢献した。藤沢の馬本位主義、角居の海外も地方もない馬の使い方、それぞれの競走馬にあった場所（たとえば、長距離のＧⅠ戦が春の天皇賞しかない日本でデルタブルースを三二〇〇メートルのメルボルンカップに出走させる）など、おこなっていることは実に合理的なのだ。

だが、あらゆる意味で規制を撤廃してしまおうという動きは、それこそ、ネオリベな経済の流れや政治の動きとも実は連動している。角居のでてきた時期が、ちょうど小泉構造改革の時代であったことは、一方では興味深いことでもある。

ネオリベの申し子か

二〇〇〇年代の日本は小泉構造改革、つまり既得権益を打破することに日本全体が向かっていた時代だった。それには功罪があることは今の格差社会をみれば明らかなのだが、角居は競馬という世界のなかで、やはりこうした構造改革を断行した軸のような存在であったといえる。彼が、いろいろな個人的事情があったとはいえ、七〇歳が定年のＪＲＡの調教師を、五七歳というかなりの若さで辞め、競馬の世界から自ら消えたことも、疲れてしまったのかなと、私は感情移入する部分もある。同年代として、角居と同じ景色をみてきて、この年齢になると、いろいろ「もういいよ。俺はやるべきことはやったよ。あとは勝手にやって」と感じるのは、本当によくわかるのである。

角居は全世界を駆け巡った。藤沢が引いたそのラインを、縦横無尽に辿り切った。それは彼が競馬サークルの人間でなかったこと、そして海外で修行をしてきたということが大きいとおもう。常識的に、競馬学校をでて騎手になり、その引退後に調教師になる人間が、英語やフランス語を自在に操って全世界で交渉し、好きに馬をもっていけるとはおもえない（武豊などの特殊な例外は除く。ただし武豊はおそらく調教師にはならないだろう。野球のイチローが、もはや日本のプロ野球の監督にならないように）。騎手学校を卒業して、ずっと日本で馬に乗ってきた人間が、いきなり英語やフランス語で調教や馬場やレースの交渉ができるのかという話になる。できるわけがないのだ。「来週アメリカで使いたい、再来週この馬はシンガポールで使いたい」という交渉は、競馬マネージメントのプロでしかできない。今の勝ち鞍上位の調教師たちが、ほぼ「元騎手以外」で占められているのは、このグローバル化の時代を渡り歩くことが不可欠である以上必然だろう。それはどこかネオリベ社会の成功者たちにも似ている。

角居のもっとも典型的な話で、馬房についてのエピソードがある。この件でのＪＲＡとのちょっとした「事件」はまったく角居らしいものである。

厩舎には割り当て数というものがある。一厩舎に何頭の馬がいるかが決められているのである。『週刊競馬ブック』などをみると、厩舎の調教師の一覧表がある横に数字があって、一六や二四などの数字が書いてあるのだが、はじめは一〇何馬房分だけ入れられて、多くなってくると、二〇何馬房分入れられる。もちろん、これはトレーニングセンター内での馬房なので、その何倍もの馬を、調教師は受け入れられる。つまり優秀な調教師は多くの馬房が割り当てられ、成績が振るわない調教師は、馬房を減らされるのである。

ようするに「強いもの勝ち」の世界である。強いものにはますます与えて、弱いものからとっていく。それをJRAが規定として採用している。これは競馬というスポーツの正当性を考えるとけっして間違いではない。しかしこの政策はとてもネオリベ的である。

もうひとつ、関東〔美浦〕と関西〔栗東〕という問題がある。すでにのべたように、九〇年代からの「オグリキャップ・パラダイム」は「関西馬の時代」であった。栗東トレーニングセンターが、一九八〇年代後半から、坂路やウッドチップコース等数々の工夫をしたがゆえに、関西馬の方が、GI勝ち鞍においても、総勝利数においても圧倒することがつづいている。二〇二二年の上半期はGI勝ち数では関東が多く、実に一九九八年以降二四年ぶりに、つまり二一世紀になって二二年目でようやくGIでの関東勝利数が関西を上回ることが期待されたが、結果として、関東と関西の勝利数は並んだ。しかし総レース数では関西が二〇〇〇を越える勝利数で、またしても東西の差が開いてしまった。これも東と西という境界がとれ（理由は輸送にかんする技術が大幅に上がったことにある。かつて三冠馬シンザンがダービーに向かう時は、京都競馬場の馬房から国鉄の駅まで歩かせ、貨物列車に乗って輸送していたという。私はその話をJR大山崎駅前の蕎麦屋の店主から聞いた)、「強い馬」が関東の競馬場でも関西の競馬場でも、いずれでも走れるようになる。そうすると、「西」が圧勝する結果がつづいた。

この馬房の問題についても、東西という日本競馬独自の問題についても、JRAは基本的に規制をとり払い、より強い厩舎にはより多くの馬を、使いたい競馬場で、使いたい馬を出走できるようにしようというのは正当なことだし、強い馬が強い競馬をすることを妨げないという競争原理にとって本質的な問題である。しかしこれがネオリベ的であり、一般世間と同種の問題を引き起こすことも確かである。

ある時に規制緩和の急進に、JRAがストップをかけた。これはネオリベがすすんでいった時に、それでは格差が広がりすぎるので、まあもう少しみんなで分かちあうようにしよう、という話と同じである。勝ち組が勝ちつづけるままにというシステムに歯止めがきかなくなるとまずいだろうということはよくわかる。だが、正当なスポーツ、つまりより強い馬がきちんと勝てる条件をつくるというJRAの方針にとってこれはブレである。

JRAは、二〇一二年に預託頭数で規制をかけたのである。現在、関西馬も関東馬についても、相互の競馬場の出走について規制がかかっていている。もちろん重賞やオープン戦は、まさしくフルオープンであるが、新馬戦や下級戦は自ブロック優先という制度が設けられ、関東開催の平地の下級戦にはフルゲートを割らないかぎり関西馬が出走できなくなった。もちろん関西地域についても同じなのだが、関西馬の勝ち数が圧倒的に多いのは関東開催の競馬場に多くの馬をもっていくからである。当然これは関西馬の勝ちすぎを制限することになる。

この前者、預託頭問題に角居が怒った。アメリカや英仏でそんな制限はほとんどない。好きな競馬場で好きに使えばいい。預かることができる能力の高い馬はいくらでも預かればよい。スポーツの正当性を考えれば当たり前である。こうした方向に競馬を解放していった原動力でもある角居は、これではＪＲＡの根本的な改革の方針に反しているではないかと考えたのだろう。そして、通常は考えられないのだが、角居は、預託頭数の削減に「抗議」して、二〇一三年の一歳馬を預からないと表明したのである。つまり、二〇一五年クラシックには「角居厩舎」の馬は一頭もいないということになる。調教師が一世代の馬を「わざと預からない」というのは常識的には考えられない。角居厩舎のように有力馬を多くかかえる厩舎は、その馬の弟や妹も、角居厩舎に入ることが多い。それを拒否するというのである。多くの「優良顧客」を失うかもしれない賭けである。ＪＲＡに対する、ここまで徹底した「実力行使」ともいえる「抗議」を私はみたことがない。そしてこれは、押しも押されもせぬトップ厩舎になった角居だからこそできることである。角居は徹底的である。

角居は原理原則派なのだ。情と人脈の世界である競馬の世界において、藤沢的な「馬本位主義」とはまた違った方向で、角居は本当に原理主義者であった。繰り返すがこれは角居の調教師としての能力を誰もが認めているがゆえに可能なことである。とはいえ競馬サークルのなかで、こういう振る舞いがどうみられるかもまた想像できるというものである。

また、個人的に忘れられないエピソードとして、角居は二〇一八年に飲酒運転で罰金刑を受けて、半年間の調教停止処分を受けている。それはもちろんいいことではない。だがネオリベ的な勝ち組の道を引きつづけてきた角居が、五〇歳をすぎて、いささか投げやりな気持ちになったのではないか。繰り返すが同世代として、それは本当によくわかる。吸ってきた空気、生きてきた時代の雰囲気を、角居と私はきっと共有している。七〇年代の「学生闘争」後の空虚のなかで幼少時を過ごし、八〇年代のバブルに踊らされる日本を横目でみやり、それが崩壊していくなかで自分の職分を決めていく、そうした過程の裏側にある、その「時代」においてしか語りえない何かを角居に私は身勝手かもしれないが感じとってしまう。

そして角居はこの事件の前に言明していたのだが二〇二一年をもって、厩舎の解散をおこなって、自らトップ調教師の座を投げ捨ててしまう。家業の天理教の教会をつぐためだというその理由もまた真実だろう。しかし退職後の角居が、地元の石川県で、引退馬の余生のための牧場にかかわるなど、競馬がかかえる別の問題（それもまた従来の競馬の世界が「考えずにすませてきたこと」にかかわっている）はやはり無視できない。角居はいつまでも角居である。異端児にしてトップトレーナー。それは光の当たる場面から、異例の若さで退いた後も変わらないのである。そして私は、二一世紀の競馬を角居の活躍に驚嘆しながら楽しめたことを密かに誇りにおもっている。

競走する馬

角居が引退馬にこだわることも、その世界で「最強馬」をつくりつづけてきた立場から考えてみるとわかるような気持ちがする。

強い馬というのは、結局は自分で走らない以上、いわば走る意志がないかぎり、強い馬ではないのである。五〇〇キロの物体に五〇キロの人間が乗って、ペチペチ鞭で叩いたところで、それがもつ役割には限界がある。自分で競争しようとしない馬が強いわけはない。藤沢や角居の成功は、ある意味では「走る馬をそのままに走らせる」、その技術に長けていたということだろう（武豊もそうである。武豊の一九九〇年安田記念のオグリキャップの騎乗など「騎手は馬が走る邪魔をしない」だけのことしかおこなっていない。それこそ「完璧な」騎乗である）。そしてそうした「走る状況」を整備することが自らの役割であると徹していたことにある。

競走馬の引退後、多くは「乗馬」と記される。中央競馬の場合、ある程度は地方競馬にいき、また牝馬は繁殖に回る（牡馬で種牡馬になれるのはほんの一握りのトップホースか、よほどの良血にかぎられる）。ところが乗馬と競馬は、馬にとってすべきことが真逆である。オリンピックの乗馬が典型的だが、馬の制御を人間がいかに調和的におこなえるのかが競われる。競走馬は、多少荒くとも、とにかく走る意志が優先される。だから、競走馬が引退後に乗馬になるといっても、その大半は成功しない。また、日本の乗馬の需要がそれほどたくさんあるなどということはちょっと考えてもありえないだろう。引退馬は結局、功労馬でないかぎりその多くが殺処分されてしまう。

角居はそれを総肯定することはできなかったのだとおもう。地元の石川県の牧場で、引退馬を預かるといっても、数としてはたかがしれているだろう。ほんの一部の馬だけの話である。しかしそれでも何かをはじめたいのだとおもう。それがネオリベ化のなかで、その中軸を果たした自分にとっての使命だと感じているのだろうとおもう。

藤沢と角居のいない競馬場

「オグリキャップ・パラダイム」は、規制緩和にあった。それはスポーツとしての競馬を、過去の風景を刷新することですすんでいった。そのなかで藤沢と角居という調教師が、大きな役割を果たしていた。日本のグローバル化とネオリベ化は、まさに彼らにとっては追い風そのものだった。ただ競馬として、先にのべたようにアーモンドアイの破格の東京競馬場芝二四〇〇のタイムによって、オグリキャップからの「時代」が終焉を告げたことの後を追うように、この二人は競馬場から去ってしまった。

残っているのが騎手の武豊だけである。

武豊は、すでに説明したように、関西の名人騎手であった武邦彦の息子である。「はじめての記憶は馬の上」と語るように、彼は競馬サークルの、縁故社会のただなかの存在である。しかし、武豊は実力によって、藤沢や角居が裏で支えたこの三〇年を、つねにスポットライトのあたる競馬場のターフの上で過ごしてきた。中央競馬において前人未踏の勝ち星を挙げながら。そして五三歳になった二〇二二年も、東京優駿をドウデュースで勝つように、その活躍は顕在である。

私の世代にとって、武豊がいつまで乗るのかというのはやはり大変気になる問題である。
本人は、怪我をしないかぎり六〇歳になっても乗りつづけていそうではある。現在〔二〇二三年一月〕累計で約四四〇〇勝しているので、おそらく五〇〇〇勝はしたいとおもっているだろう。それが、武豊にとってのモチベーションでもあるだろう。武豊が競馬場を去る時、その時には私の世代がみてきた「オグリキャップ・パラダイム」が完全に終わる時だとおもう。

この競馬の三〇年間、藤沢と角居の登場、規制撤廃とグローバル化、ネオリベ化の動きと競馬の世界というのは、ある意味で本当にうまく連動していた。その申し子のような連中がいた。ところが申し子のような連中というのは、今はみな消えてしまって、残るは武豊のみである。ポスト「オグリキャップ・パラダイム」は、アーモンドアイとコロナ禍によって開始されたともいえるが、今後の競馬の動きはそこでもう一段変化するのだろう。

『ウマ娘』考

ある番組〔NHK『アニソン！プレミアム！「ウマ娘×競馬SP」』（二〇二一年五月一日放送）〕に武豊が出演していた。その時、オグリキャップを演じている声優さんに「オグリキャップはみんなにとっての宝物だから、大事に想いを伝えてください」というような、凄く優等生的な言葉をかけていたのだ。そんなことをいったら、声優さんにも相当プレッシャーだろう。たかだか二次元の話なのに、だ。

でも、確かに私の世代にとってオグリキャップは神の名前に近い。一方で、まだディープインパクトは『ウマ娘』のキャラクターになっていない（二〇二三年一月現在）。それは「本当に強い馬」をキャラにしてしまうと、物語上で問題が生じてくるからじゃないかと私は考えている。

私はすでに『哲学者、競馬場へ行く』などを出版していて、その担当編集の人にも「『ウマ娘』をどうおもうか」と聞かれるのだが、『ウマ娘』は伝統継承の役割を果たしているとおもう。

例えば〝ツインターボの大逃げ〟といわれても、私にはよくわかるのだ。ツインターボという馬がいて、無茶苦茶〝逃げる〟。それで、大体終盤に潰れてしまうのだが、時々勝つのだ。このツインターボの大逃げというのは、『ウマ娘』に登場するツインターボというキャラクターの代名詞になっているらしい。馬自体の特性とキャラクターがかさねられているのだ。二〇二二年の天皇賞秋の実況で、大逃げを打つパンサラッサを「令和のツインターボ」といわれた時には苦笑した。これは『ウマ娘』効果だろう。

実際にツインターボのレースはYouTubeでみることができる。そこで若い人は『ウマ娘』のツインターボの大逃げを追体験することができるのである。

そのほかにも、サイレンススズカの悲劇などが挙げられる。サイレンススズカも凄い逃げ馬で、武豊は、一九九八年の天皇賞秋に圧倒的な一番人気で、誰もが勝つとおもっていた。それが突然、先頭を走っているサイレンススズカが足を骨折してしまった。それが、〝サイレンススズカの悲劇〟として、同時代に競馬をみていた私たちにはわかるのだが、今の若い人たちは『ウマ娘』を媒体として、そういうことを知るのである。だから競馬というのは、記憶のゲームというか、記憶の地層というか、記憶と記録の塊なのである。相互にかさなっている部分が非常に強く、それを『ウマ娘』を媒体として若い人に伝わっているというのは、大きいなとおもう。一昔前は『ダービースタリオン』（『ダビスタ』）（アスキー）というゲームがその役割を担っていた。

媒体はいろいろ変わっていくが、今だったら『ウマ娘』なわけだ。競馬は、娯楽の一種だということは、当然外せないわけだし、日本競馬というのは、いろいろな馬がいて個性的な出来事とともにあったという歴史がある。

私たちは直接レースをみていた世代だが、みていなかった世代（今の二十代前半以下の人たち）などは、ツインターボもサイレンススズカも、生まれる前なのでみていないわけだ。だけど『ダビスタ』とか『ウマ娘』とかで、馬の話が伝わっていて、YouTubeも、昔は画像が荒かったのだが、今はJRAも関西テレビ放送（カンテレ）も昔の放送分をYouTubeに上げている。これは凄くいいことだとおもう。もう権利を守っている時代じゃない。若いファンがそれをみて学んで、「現実の競馬って面白い」といって循環してくれることが大切だ。無料で過去のレースを公開することによって、未来の観客を増やした方が商売上もいいに決まっている。

それこそサブスクリプションと似たような仕組みで、つくり手自身がどんどんサービスを無料でだして面白さを循環させていく。当時の映像などを更新していって、今の若い人たちが綺麗な画像をみられるというのは凄くいいことだなとおもう。

私みたいな九〇年代に競馬をはじめた人間は、VHSのビデオで、過去の『菊花賞史』とか、『東京優駿史』などを買ってきてみていたのだ。VHSはみたいシーンにいくのに凄く時間がかかる。「ハイセイコーのダービーがみたい」とおもっても、即時のコマ送りができないから、どこまで戻せばいいのかわからない。でも今もVHSでみていた頃と本質は、そんなに変わらないとおもう。その後はレーザーディスクの時代になった。だがもうレーザーディスクなる媒体が消えてしまった。

競馬というのは、記憶と記録のゲームなのだ。単に競馬場にいって、ひとつのレースをみても、面白いわけでもなんでもない。むしろ全然面白くない。自分のなかの記憶とかさねる、桜花賞なら桜花賞、皐月賞なら皐月賞というものが自分のなかに延々と積もっているので面白いのだ。

記憶と記録のゲームとしての競馬

私はそうした記憶をもっている。この三〇年間の桜花賞とか、皐月賞とか、三〇年間に自分のみてきたGⅠレースの記憶を。その延長上に、今年の桜花賞などがあるわけである。二〇二二年はナミュールが一番人気になって敗退したが、ナミュールの桜花賞は安藤勝己が乗った二〇〇九年のブエナビスタと同じように勝つんじゃないかとか、ナミュールの三代母〔母の母の母〕は一九九七年の桜花賞馬のキョウエイマーチで、これは距離が延びるとダメだったなとか、すべて映像が頭のなかにでてくる。そういう過去の記憶との繋がりのなかで予想するわけなのだ。その繋がりをどうやって次の世代へ繋げていくかというのが重要なのだ。今はYouTubeもあり、さらに競馬の情報は、簡単に、戦績や血統もパソコンで検索すれば瞬時にでてくる。いろいろ便利になった時代だなとおもう。若い人をはじめ年齢の枠を越えて、さまざまな属性の人が、多様な方法で情報を発信できる時代にはなったのではないかなとおもう。記憶の継承の障壁がすっかりとり払われたという意味で、今後の競馬に希望はもてるのではないか。

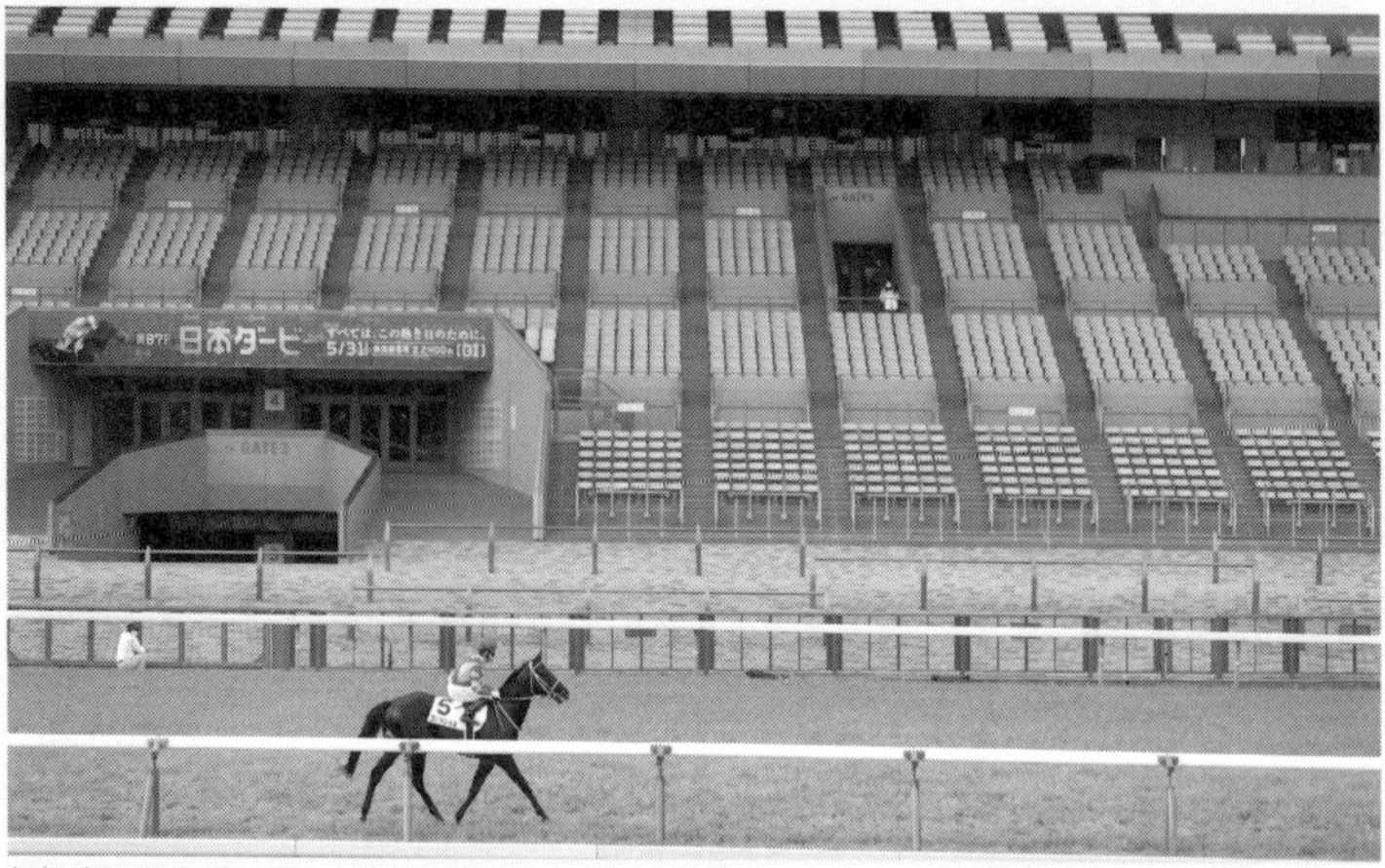

無観客の日本ダービーを制し、ウィニングランをするコントレイル〔朝日新聞社／時事通信フォト〕

コントレイル

2017年生まれ／牡／父　ディープインパクト／母　ロードクロサイト／
最終戦績　9戦7勝（ホープフルステークス・皐月賞・日本ダービー・菊花賞）

三冠馬は、最初に走った時に、もはやこれは三冠馬だという「予感」をさせる馬がほとんどである。とくに牡馬はそうだ。もちろんダノンプレミアムのように「あれ、どうした」という馬はいる。またナリタブライアンやオルフェーヴルのように、二歳戦であっけなく負けを繰り返すのに、三歳戦になると手がつけられないほど強く成長する馬もいる。しかし、大抵、二歳で

「破格」のレースをした馬は、これは三冠だろうと期待をもたせ、ハプニングがなければそのままである。

　この馬の父親でもあるディープインパクトは、デビュー戦でもはや三冠は間違いないという評判をもたせてしまった。そういう馬の二戦目をみのがすわけにはいかない。私は関西に住んでいるのだが、関西馬であっても春の牡馬クラシック二冠は、トライアルも含めて全部関東でおこなわれる。関西デビューしても、関西圏で次にみられるのは菊花賞トライアル神戸新聞杯か、菊花賞本番しかないということもありえるのである。

　ディープインパクトの時は京都の新春競馬、二歳オープンの若駒ステークスをみにいった。逃げ馬が大逃げをうったのに悠然と後方に位置し、追いだすとこともなげに大逃げしている馬を捕まえて引き離した。その勝ち方も絶賛してよいのだが、私が感心したのは、パドックでのディープインパクトが物凄く「薄い」馬であるということであった。強いサラブレッドは、風が吹けば飛ぶように「薄い」といわれるのは本当のことなのだなとおもった。

　ディープインパクトにつづいて、父子二代で無敗の三冠馬になるコントレイルは、なんといっても二戦目の東京スポーツ杯二歳ステークスが圧巻であった。東京競馬場の秋の光のなか、二歳の評判馬の馬群を抜けて、まったく異次元という末脚を繰りだして勝った。このレースは、私のなかで二〇一〇年代のベストレースのひとつであるに違いない。率直な感想は、化け物がきた、ということと、こんな二歳戦はもうみられないかもしれないな、というものであった。

コントレイルは前述の開催地の関係により三歳秋まで関西にこない可能性があった。それゆえ私は、年末、一二月二八日の中山でのホープフルステークス二歳〔GⅠ〕は万難を排してみにいくことにした。三冠が期待される馬の三冠達成前というのは一回みておきたいのである。伊丹からの飛行機が遅れ、相当ギリギリであったが、年末の中山の独特の雰囲気のなか、コントレイルのレースには間にあった。一見してディープインパクト産駒か?という印象で、ちょっと（血統的には関係のない）シンボリルドルフっぽいなとおもったがそれは額の模様なのだろう。ヴェルトライゼンデを従えて完勝であったこのレースをこの目でみられて本当によかったとおもう。

というのも、これ以後、二〇二〇年になった日本は、コロナ禍に巻き込まれていったからである。関東やら関西やらといっている問題ではなく、コントレイルの皐月賞や東京優駿は第二次世界大戦の戦時中以来という「無観客」のクラシックになったのである。コントレイルを「この目で」みておいて本当によかったと、この時ほどおもったことはない。

コントレイルの三冠は、菊花賞でアリストテレスに詰め寄られ、きわどい勝負になったほかはまったく危なげのないレースであった。二〇二〇年一〇月の菊花賞から少数の観客を入れはじめたとはいえ、自由に競馬場にいける状態ではなく、牝馬でも同年に無敗の三冠馬デアリングタクトがでたように、「無観客」がプラスに働いたのかなともおもう。ただ古馬になった四歳時は誤算であった。大阪杯は雨の重馬場。当初からささやかれていた母系の軽いアメリカ血統がでてきたのではという声もあった。矢作芳人調教師は、四歳時はGⅠ五戦をさせ全部勝つもりだったに違いない（数字上アーモンドアイにならぶ）。だが大阪杯でのつまずきを引きずり春は全休、天皇賞秋も休み明けでひとつ下のエフフォーリアに完敗。少しメンバー落ちとなったジャパンカップを勝って面目を保った。早熟であったことは確かだろう。

だがこの馬にとってはコロナ禍も何もかも予定外のことが途中から起きすぎた（大阪杯の道悪競馬も、その後の疲労も）。だがこれも競馬である。今後はディープインパクトの血を繋げるという重い役割がまっている。なんとか、父子につづく馬がでてきてくれれば、とおもっている。

第四章　競馬の賭博性とは

――競馬にとって大切なことは勝つことでなくて負けること、儲かることでなく手痛く損をすることです。賭博というのはそういうことです。

（2020年12月19日 tweet）

フランスの競馬

自分の記憶と分かち難く結びついているのが、フランス競馬である。これは自分の専門がフランス現代思想になっているのでいささかやむをえないことである。前任校の埼玉大学に所属していた時、私は若手在外研究制度を利用して、一九九八年の一〇月から二〇〇〇年まで一年半近くフランスにいかせてもらった。そのあいだに凱旋門賞を二回みている。一〇月一週目に開催されるこのヨーロッパの最高峰戦は、一回目は薄暗い天候のなか（その年のフランスはとても寒く、日本の気分でフランスにいくと、まずは小さな子供たちのコートを探さなければならなかった）、サガミックスが勝った。この凱旋門賞は、子連れでも全然問題がないほど、競馬場は空いていた。日本の東京優駿〔日本ダービー〕や有馬記念とは比較にならないほど「人がいない」世界最高峰戦に、逆の意味で驚いた。

一九九九年には日本のエルコンドルパサーが、前年のジャパンカップを三歳で快勝した後、約半年にわたってフランスに滞在していた。春からずっと凱旋門賞を目指してフランスの馬場に慣れさせて、実際にパリ郊外のサンクルー競馬場のサンクルー大賞典を勝っている（これはどういうわけか現地にいき損ねている）。そして、前哨戦のフォア賞を勝った後に凱旋門賞に挑戦している。今は調教師に転身した蛯名正義の騎乗したエルコンドルパサーは逃げて惜しい二着であった。私はわざと、ロンシャン競馬場のビールスタンドのテレビでみていた。先頭を走るエルコンドルパサーはすぐそこにいるのに、それを目でみてしまうのは怖さがあった。日本が散々参加しても二着がつづくというのは、エルコンドルパサーの呪縛だろうかともおもう。その後はディープインパクトの三着入線失格（二〇〇六年）、オルフェーヴルの二度の二着（二〇一二、二〇一三年）もロンシャンでみている（年休をとって学生たちと一緒にいった）。近年の出走ラッシュには、もう現地にいかなくてもいいかなという気持ちにさせられてもいる。あえていえば、短期輸送で臨んだジャパンカップ馬、タップダンスシチー（二〇〇四年）は、逃げ馬として馬力があったので一瞬いこうかと考えた。

かくしてどうしてもフランス競馬というが自分のなかにある。日本の競馬は、基本的にヨーロッパ型である。左回りダート主流のアメリカとは異なり、右回り芝が主体のヨーロッパ型である。しかしもっとも重要なダービー、オークスは左回りでおこなわれているというのは不思議なハイブリッドシステムというか、日本固有の文化の折衷ともおもえる。

ロンシャン競馬場は、まさに一九世紀のマルセル・プルーストの世界。貴族が集まる社交場という風につくられているので、本当に綺麗なコースなのだ。そんなロンシャンも二〇一五年の改築工事で変わってしまったが（名称もパリロンシャンになった）、パドックは本当に人との距離が近く、人をかき分けるように馬が馬場にいく様子は、驚くばかりである。

フランス競馬は奥が深い。日本では芝、ダート、障害のレースしかないが（ほかには北海道道営に独自のばんえい競走があるが）、フランスには実に多種多様なレースがある。馬車を引くような繋駕速歩競馬もある。学生とオルフェーヴルの二回目のフランス遠征についていった時には、昼も晩も競馬三昧で、このときはヴァンセンヌ競馬場で、人間でいえば競歩みたいな騎乗速歩競馬もみた。そういう多様な競馬があって、それぞれに特殊な血統がいる。本当に深さが違う。

騎乗速歩競馬は、スタートが物凄く適当で、スタート地点に紐みたいなものが張ってあり、何頭かが走りだしたら、それでスタートになってしまう。ただそれでも、何かの規定によるフライングがあるようで、何度もスタートをやり直す（どうもみなフライングを織り込んでいるようで最初から一気に走らせない）。私はパリ以外の競馬場にあまりにいったことがないが、ヨーロッパ競馬にかんしてはたくさん本がでていたりもしている（高橋源一郎『競馬漂流記 では、また、世界のどこかの観客席で』(集英社文庫)二〇一三年や、須田鷹雄『世界の中心で馬に賭ける―海外競馬放浪記』(中央公論新社)二〇二一年など)ので、そちらを参照してほしい。ほかにはオーストラリアのフレミントン競馬場や、トルコのイスタンブールのヴェリエフェンディ競馬場にいったことはある(国際招待で福永祐一が乗っており日本語で応援されてぎょっとしていた様子であった)。仕事から退く時がきたら、わざと避けてきた感じがあるイギリス・アメリカも含めて、有名な競馬場はやはりこの目でみておきたいとおもう。

馬とのかかわり方

競走馬も元々は、中央アジアの大平原の生き物であり、それをイギリスやヨーロッパなどがもってきて人工的に改良したのがサラブレッドだ(すべてのサラブレッド父系は、ダーレーアラビアン、ゴドルフィンアラビアン、バイアリータークにいき着くというのは、競馬をはじめたものが最初に聞かされることである。現在では直系はネアルコ、ナスルーラを通過したダーレーアラビアン系がほとんどになっている)。

拙著の『食べることの哲学』(世界思想社、二〇一八年)にも書いたのだが、動物とのかかわりにかんしては、日本人とフランス人とは全然違う。主菜が肉だというのもあるとおもう。

スペインの闘牛もそうだが、肉食というのは、もともとは人間が死ぬか、牛が死ぬかみたいな話である。ヨーロッパの田舎では、今だと「野蛮だ」という話になるかもしれないが、祝祭の場面だと牛を解体してほとんどの部位を食べたりもする。

一方、日本人はかなりのあいだ魚や野菜を食べてきたわけなので、競馬場にいっても、人間と馬の距離というのが遠く、そのかかわり方も違ってくる。

先にも記したが私はオルフェーヴルの凱旋門賞を二〇一二年、一三年と二回追いかけていっている。二〇一二年は勝ちそうで負けてしまい、二着だった。その凱旋門賞のおこなわれるロンシャン競馬場のパドックがあるのだが、本当に馬と人間の距離が近い。また日本だと、「馬が暴れるから静かにしてください」とか、パドックで注意の札が立てられたりもする。私は大声なので学生と話していると「しっ」と怒られたりもする。

だけどフランスでは、例えば二〇一三年の凱旋門賞のパドックでは、前年のオルフェーヴル二着のビデオをガンガンかけている。大音量なのだが、馬はどうということもない。これをみていると、「日本の馬は神経質なのか、過保護なのか」という話になってしまう。パドックから本馬場にでる時も、日本では到底考えられないくらい、手を伸ばせば触れるあたりに、天下の名馬が歩いていったりもする（新装されたパリロンシャン競馬場にはいっていないので今はわからないが）。本当に、ヨーロッパでおこなわれていた昔の貴族のお遊びのつづきという感じである。考えてみれば日本だって戦国時代に馬を日常的に使役していたはずだけど、江戸時代にそういう伝統は途切れたのかなとおもう。ただし肉食を忌避していたというのはやはり大きいのだろう。

だけどいずれにせよ、イギリスやフランスは、日本と同様に、いってみれば大陸的な〝どん詰まり〟の地域である。アメリカはイギリス・フランスから海を越えて競走そのものも移動していった。逆にそのどん詰まりなところで、サラブレッドの進化、近代化が起こるのは面白い現象だなとおもう。

馬券購入の土壌

また、先にものべたがフランスはＰＭＵという場外馬券売り場みたいなものが、街のありとあらゆるところに存在している。凱旋門賞のような強いサラブレッドがでてくるレースというのは大体一〇月頃で終わりなのだが、カンヌや南仏の方、夏は大西洋側のドーヴィルなどバカンス地でも、ほぼ毎日競馬をやっている。街角のあらゆるところで、そうした馬券がすべて買えてしまう。カフェのようなところに併設されていたりして、だいたい閑散としているか、常連がたむろしている。日本でいえばロト6〔数字選択式宝くじ〕の売り場のような感じでもある。

今のようにパソコンやスマートフォンが普及していなかった時代には、日本でもコンビニで馬券を売ろうとする動きがあった。フランスと似たような感じにしようということだったとおもう。しかし日本だと、反対の声が上がる。コンビニ側としては、レースの状況を一日中ラジオで聞いて居座ったりすると困るというのがあるのだろう。近隣住民としても、駐車場などで馬券を買っている連中が週末ごとに集まっているのは地域の風紀上、よろしくない。そうした理由や規制から、コンビニで馬券を売る話は一九九〇年代に頓挫した。

でも、今はパソコンやスマートフォンで馬券が買えてしまう。そして中央競馬は土日だが、日本でも地方競馬を入れるとほぼ毎日どこかでレースが開催されている。馬券購入は明らかに個人化した。もう発券所をどうするとかいう話は時代が通り越していった。

でもフランスは、街角で馬券を買うという文化がまだ残っており、しばらくは消えないだろう。街のそこら中で馬券が買え、ビール一杯ぐらいを頼むと無限にそこにいても咎められない。日本と違うそういう競馬のあり方は、馬と同じで、生活そのものへの根付きの深さを感じさせる。

近代競馬の祖であるイギリスの競馬は（フランス派としてアンチ英米でもあるので！）まだみにいったことがないが、オーストラリアのメルボルン、有名なフレミントン競馬場には学生企画関連で、それこそ学生の「社会見学」の引率教員のようなかたちでいったことがある。オーストラリアは当然イギリス式で、馬券もブックメーカー方式である。日本やフランスはパリミュチュエル方式で、馬券を売った後で、控除分などを引いて（つまり売り手の儲けは確保した上で）、残った額を売れた馬券の割合で計算し、事後的にオッズを決めて当てた人に戻すという方式である（その意味で、日本は競馬にかんしては本当にフランス圏内だなとおもう）。ところが、イギリス式、ブックメーカー方式というのは、売る馬券のオッズを事前に発表する。四月から、一〇月に開催される凱旋門賞の馬券を売っていたりもする。もちろんどんな馬がでるかわからないし、買った馬が出走するかも不明なのに、すでに賭けがはじまっている。当然オッズは高めに設定しているわけであるが、そのさじ加減がブックメーカー側の腕のみせ所である。ブックメーカーが儲けようとして下手なオッズをつければ誰も買わないだろうから商売にならない。失敗して高いオッズをつけすぎると、ブックメーカー側が損をする。ブックメーカー自身が自らを賭けている。

私が体験したのはオーストラリア・メルボルンでだが、日本やフランスの、いわば施行側が儲けを確保した上での競馬と、イギリス式とは発想が根本的に違う。

日本競馬とフランス競馬——文化資本としての競馬

パリロンシャン競馬場は、パリ一六区という、日本の山の手のような、高級住宅地に位置する。ブローニュの森をはさんで、パリ側にオートゥイユ競馬場があり、その一角をみていると〝富裕層の遊興〟という感がある。サンクルー競馬場も郊外の住宅地のなかだ。一方で日本はある種、競馬の大衆化に大成功した国である。きわめて多くの人が競馬をみて、少ない額でもお金を賭ける。日本の人口は総じて一億人以上いるわけなので、ある程度人気がでれば、かなりの収益性がでる。先に年末の有馬記念の売り上げを記したが、興行としては物凄い額になる。その意味で日本の競馬は世界的に特殊な成功をしているのだ。

現在はむしろ、フランスが日本の競馬を真似ているところがあるとおもう。クリストフ・ルメールや、イタリア人だがフランスで騎乗していたミルコ・デムーロが（もちろんある種年をかさねて本国での騎乗が少なくなった結果とはいえ）、なぜＪＲＡの騎手になっているのかというと、フランスで騎乗しても大して稼げないからだ。フランスは毎日競馬をやっており、トップジョッキーであってもさまざまな競馬場に騎乗しにいく。車で三、四時間かけて、大した賞金でもないレースに騎乗しにいく。高額賞金は凱旋門賞など有名ないくつかのＧⅠにかぎられている。

武豊と凱旋門賞

凱旋門賞との関連でいうと、武豊はほぼ毎年凱旋門賞にきている。先述した通り、競馬場にいると突然何かの都合で騎手が乗れなくなった馬が回ってくることもある。それもあるのだろうが、何よりも、凱旋門賞は現地でみたいのだろう。エルコンドルパサーが二着の凱旋門賞の時も、彼は乗らないのに、ロンシャン競馬場にはきていた（私は、日本の競馬場よりもずっと近くに武豊がいたりするのでドギマギした）。しかも凱旋門賞の前日のアベイドロンシャン賞で勝っている。武豊の、凱旋門賞への執着は大変なものがある。また、フランスの競馬場はパドックも本馬場入場も本当に観客の目の前を通る。目の前で武豊がすっと平気で通り過ぎていく。これは、日本より近いじゃないかとフランス競馬の大らかさを感じたりもする。

武豊は別格だから、二〇二二年のダービー馬のドウデュース（最後に書くが、残念ながらブービーに終わった）も含め、日本馬をもっていくときは武が起用される。さりとて本当に勝ちたい場合は、やはり現地の騎手に交代してしまう。オルフェーヴルの時に騎乗したクリストフ・スミヨンを責めるわけではないが、池添謙一であれば勝っていたのではないかとつくづくおもう（スミヨンがどうの、というわけではなく、オルフェーヴル自身はけっして乗りやすい馬ではなく、まさに池添の馬だったからだ）。

近年はその逆で、海外のジョッキーが来日して、天皇賞や有馬記念で騎乗するという例も多い。短期免許というものだ。二〇一九年の有馬記念をリスグラシューで勝った、ダミアン・レーンというオーストラリアの若い騎手がいる。彼が典型的なケースで、通常はJRAの短期免許で乗るのだけど、有馬記念の時は、リスグラシューのためにレーンが日本で騎乗する臨時免許をJRAは認めた。そのリスグラシューがオーストラリアで、レーン騎乗のGIを勝っており、日本の宝塚記念も含め同一年度GIを二勝しているという理由からであったとおもう。特例のような感じで有馬記念が許可されたのだ。

現在のJRAではこうした緩和がなされてきた。かなり柔軟になっていて、国際化・競馬のスポーツとしての価値みたいなものを重要視している。それはよいことだとおもう。

外国人騎手問題

　コロナ禍前のことであるが、香港で活躍し、シンガポールで騎乗機会八連勝を記録したジョアン・モレイラというブラジル人騎手がおり、日本でも短期免許をとって大活躍したのだが、彼はルメールやデムーロのようにＪＲＡの試験を受けて「日本の」騎手になりたいと考えていた。ルメールやデムーロは日本の免許をもっているので、更新しつづけていれば、日本でも乗りつづけられる。しかし、モレイラには免許をださなかった。二〇一八年の一次試験不合格がニュースでとり上げられていたほどだ。彼は、香港で騎乗していて英語は問題ないとおもうのだが、インタビューや調教師とのやりとりなど、関連するすべての人が英語を喋れるわけではないので、言語の問題もあったのかなとおもう（試験は競馬法の理解も含まれるので、英語であっても日本は特殊だとおもう）。ルメールやデムーロはインタビューをみれば、ほぼ完璧に日本語を操っている。本当にグローバル化というものはすすんだのだなとおもう。日本では、調整ルーム（競馬の前日から、一か所に隔離され、外部との連絡を遮断される。過去の八百長問題への対応がまだつづいている）入室の規則もあるので、難しいのかなとおもう。ルメールでさえ、ＪＲＡの騎手になったその日に調整ルームからTwitterをしていて（本来は外部との連絡は一切禁止）三〇日間の騎乗停止という処罰を受けてしまった。海外にはもちろん前日から入らなければならない調整ルームはない。国際化でいろいろあるのはやむをえないが、モレイラの件も含めてもう少し柔軟になれないのかなとはおもう。

女性騎手の台頭

騎手の関連で、メディアでも注目されている女性騎手に話題をうつす。二〇二一年は古川奈穂が矢作芳人厩舎の所属となってデビューし、結構な活躍をした（途中、怪我で休んでしまったが）。そして二〇二一年は、今村聖奈が、重賞を新人で勝ち、もはや「女性」ジョッキーというういい方ではくくれないような勝ち鞍を積み上げた。今村は父親が騎手だったということもあるが、古川は、本人の努力もさることながら、矢作厩舎所属というのはやはり大きい。大抵の騎手はまずは厩舎に所属する。厩舎つきの騎手になったら、その厩舎の仕事がある。早朝の毎朝四時や五時から厩舎の馬に稽古をつける、それでお給料を貰う。

当然のことながら、どこの厩舎に属するかというのが騎手にとって重要だ。『週刊競馬ブック』などをみると、どの厩舎が何勝しているかという勝ち負け一覧表というのが掲載されているが、厩舎ごとの勝敗の差はとても大きい。トップ厩舎は年間五〇勝以上するのに、下位の厩舎は一桁である。関東であればずっとトップは藤沢和雄厩舎だったし、今強いのは国枝栄厩舎や木村哲也厩舎である。関西は、矢作厩舎以外にも、池江泰寿厩舎、藤原英昭厩舎、中内田充正厩舎などが上位である（前章の話とかさなるが、これらの調教師は騎手上がりではない。もっとも関西だと音無秀孝厩舎、安田隆行厩舎のそれぞれ調教師は騎手から調教師になって成功している。ただ、音無秀孝は騎手時代にノアノハコブネで優駿牝馬を、安田隆行はトウカイテイオーで二冠をとってはいるものの、トップジョッキーとはいい難い）。

やはり多くの勝利を挙げる厩舎に所属するというのがポイントになるのだが、古川は矢作厩舎所属である。どう考えても乗る馬の質が高くなるので勝利回数は増えていくだろう。一方で、一六年ぶりのＪＲＡの女性騎手として話題をさらった藤田菜七子は初騎乗が二〇一六年で、二〇二二年で七年目だったが、関東の根本康広厩舎所属である。調教師の根本は、例のシンボリルドルフを負かしたギャロップダイナの天皇賞秋のほか、メリーナイスでダービーも勝っている渋い元ジョッキーだが、お世辞にも厩舎として成功しているとはいえない。とはいえ、そうであるからこそ、藤田を自厩舎の馬で育てて乗せているということもある。ここら辺は一概にはいえないため難しい。

斤量マイナス制度

既舎所属については、既舎の方針も大きいとおもう。既舎で新人を育てるぞという調教師もいるだろうし、人気ジョッキーに依存するところもある。また、競馬社会は何度もいうが、血縁関係が多くを占めるので、その関係もあるだろう。

女性騎手の活躍にはいろいろと言及すべき点がある。大きくは、負担する斤量減の問題だ。減量特典のことで、女性騎手には斤量マイナスが適用されている。

そもそも、騎手免許の通算取得期間が五年未満で、勝利度数が一〇〇回以下の見習騎手は、全員に斤量マイナスが適用される。武豊や横山典弘のようなベテランと新馬戦で対決するといっても大変だから、そのための措置である。加えて女性はさらに軽くするというルールがあるので、それを上手く利用して新馬戦を勝って数を稼ぐという手はあるとおもう。ただそのハンディキャップは上にいくとなくなるし、重賞やＧⅠになるとそうはいかない。

女性騎手の活躍の今後だがやはり藤田菜七子が重賞を勝ったことは大きな契機だったとおもう。二〇二一年は古川が、二〇二二年は今村が藤田の初年度を越える大活躍をしていたのでそのうちGⅠやクラシックレースを勝つ女性騎手もでてくるだろう。そういう人はポーンとでてくるので、待つよりほかはない。女性騎手減量制度は、特別競走やGⅠなどの重賞には適用されないが（それは純粋に能力権的競走なのでやむをえないとおもう）、そういう制度が後押ししてくれるのは端的にいいことだ。

以前だとニュージーランドのリサ・クロップが一九九〇年代に短期免許で来日して勝っている。また同じニュージーランドで、障害競走騎手のロシェル・ロケットが日本に来日して、中山大障害で勝っている。これが日本の中央競馬におけるはじめての女性騎手としてのGⅠ優勝である。日本も一九九〇年代以降、何人かの女性騎手が現れては消えていった。二〇二二年は、フランスのミカエル・ミシェルがJRAの試験を受験した（結果は不合格だった）。競馬はこうした歴史の蓄積の上に今があるので、いずれ時間がたてば、この点は変わってくるとおもっている。

女性の調教師にかんして

競馬に従事する女性として、女性の調教師はまだいない。しかし、厩務員として有名な人は何人かいた。調教師のはじめは厩務員になって、厩舎で馬の世話をする。その後に調教助手になって試験を通れば調教師になる。

その点を考えると、騎手より調教師になる方が難しいのかなという気がしている。今も仕事をつづけられているかどうかもわからないが、厩務員ではワンダーパヒュームの藤井美津子厩務員、ノースフライトの石倉幹子厩務員など、有名な女性はいた。二〇二二年の凱旋門賞を勝ったアルピニスタのスタッフもアナベル・ウィリスなど女性が目立っていた。調教師で女性がいないのはどうしてかというのはある。

厩務員になりたいとおもう女性は少なくないとおもうのだが、調教助手から調教師になるという段階までには辞めてしまうという人が多いのかなとおもう。騎手もそうだが、調教師の世界もかなり厳しい。藤沢和雄や角居勝彦について前章でも書いたが、現在の調教師は国際的なネットワークのなかでの、企業運営に近いものがある。勝てる厩舎と勝てない厩舎の差も激しい。能力の高い馬をもっている馬主や牧場が、わざわざ弱小厩舎にそんな馬は回さない。シビアな世界なのだ。

調教の世界的現状

トレーナーの寡占状況ということを世界規模でみるともっと凄い。アイルランドのエイダン・オブライエン厩舎、フランスのアンドレ・ファーブル厩舎が有名であるが、凱旋門賞三頭だしとかを平気でする。それに比べたら日本の厩舎の差というのは可愛いものなのかもしれない。日本はまだ〝護送船団方式〟というか、歩調をあわせてすすんでいくところは残っている。

そういう意味でも日本競馬は完全にネオリベの方向に舵を切っているわけではない。今後売り上げが劇的に増えないとなれば、みなで小さくなっていくパイを分けあいましょうという日本経済全体のような雰囲気になってくるのではないか。

二〇二二年の冬はまだコロナ禍にあるが、海外の競馬と自由にいききできるようになれば、矢作調教師などはどんどん海外に挑戦していくだろう。二〇二二年のパンサラッサを含むドバイワールドカップデーでの日本馬三勝はいうまでもない快挙だ。

だからといって、すべての厩舎が海外レースにチャレンジできるかといったらそうではない。技術力や経験の蓄積が必要なわけだ。厩務員もドバイやイギリスなどにおもむき、二〜三週間ほど滞在させる。その滞在も現地で交渉しなければいけない。経験がある人は知識を保持しているけれども、そういう人はかぎられる。

日本の縁故社会で普通のコースをなぞって調教師になった人が、海外レースのためのノウハウを積んで出馬するということは簡単ではないとおもう。矢作や角居のように海外で修行をしたとか、そういうプロでないと今後は難しいだろう。女性の調教師も、厩務員をやっている誰かが、そういうように常識破りの動きをして道を切り開いていくしか、やはりこの世界ではないのだろうなとおもう。ただし、男性女性問わず、能力があればそういうことが歓迎される世のなかになってきているのは事実なのだ。

騎手と勝利の関係性

ここまで騎手の話を中心につづけてきたが、はたして騎手と競馬の結果にはどれほどの相関関係があるのだろうか。武豊は「基本的に馬が強ければ騎手は何もすることがない」という趣旨のことをいっていたとおもう。要は騎手が邪魔をしないことが一番だ、というわけである。そうだろうなと納得する一方で、騎手のツキ、流れというのはみている側として絶対にあるとおもう。

二〇二一年、エフフォーリアなどで一気にGⅠ五勝をした横山武史は、二〇二二年の春は、高松宮記念〔レシステンシア〕、大阪杯〔エフフォーリア〕、桜花賞〔ナミュール〕と三戦連続GⅠ一番人気だった。結果、全部飛ばしている。

大阪杯のエフフォーリアについては、エピファネイアの子供が総じて三歳クラシック期に成長する傾向になり、四歳以降の成績が落ちるというのはあるとおもう。ナミュールも前哨戦でコンディションがトップ状態になって、本番では落ちたのかとおもう。だからこの負けの責任はすべて横山騎手にあるわけではない。とはいえ、馬券を買う方は「流れ」というものを考える。

過去には一九九一年、飛ぶ鳥を落とす勢いで前年度もリーディングジョッキーであった武豊が、メジロマックイーンの天皇賞秋で、スタート後の斜行により、一着入線（しかも圧勝）したものの最下位降着になってしまい、その後その年はまったく勝てなかったことがある。統計的にいってもとても不自然な話だが、武豊も人間なんだとある意味安心したエピソードである。

また一九八〇年代のトップジョッキーだった田原成貴はいろいろな意味で異端児といわれていて、いいたいことをいうタイプだったので、本番前にバサッと、「仕上がってないから使うべきじゃないね」などと発言したりしていた。

サンエイサンキューという馬で有名な話がある。エリザベス女王杯の前に田原が追い切りをしたら、馬に走る気がないと、走らせすぎだという旨の発言をしたのである。その影響か、馬主は次の有馬記念で田原を使わなかった。出走したサンエイサンキューはレース中に骨折し、予後不良になってしまった。この結果だけみると、騎手の田原が馬をよくみており、その見立ては正しかったことになる。一九九二年のことである。

では騎手はどういう役割を担っているのか。騎手インタビューで、岩田康誠という騎手の、二〇二二年の若葉ステークス〔三月一九日〕の勝利インタビュー時の素っ気ない対応がインターネットで物議を醸して〝炎上〟していた。私からみれば普通にみえた。そもそも岩田は、兵庫県競馬、地方競馬の出身で、馬に乗るのが巧い、職人肌の騎手である。地方から中央競馬に入って、大成功したという人である。彼は昔から、インタビューの受け答えは巧い方ではなかった。競馬ファンのあいだでは、日本語が母語ではないルメールの受け答えの方が巧いんじゃないかとさえいわれていた。今の時代、メディア対応はどこでも必要だから仕方がないことであるともおもうけれど、馬乗りはもともと「職人」である。そんなところまで気を配らなくてもよいのではないか、とおもいもする。

調教師でも、現在関東の厩舎のなかではトップクラスである堀宣行調教師も以前はインタビューに応じなかった。「人と話すのは苦手だから」ということであるが、トップ調教師なのにＧⅠ会見拒否をしてＪＲＡから厳重注意を受けた。もちろん公営競技という性質上「透明性」が重要な世界なので問題だということはわかるが、こういう人がいてもいいのでは、と率直におもわなくもない。職人気質の人間というのは、そもそもそんなにぺらぺら喋らないだろう。それでいいんじゃないか。

職人としての騎手

これは昨今のメディア界におけるポリティカル・コレクトネスというかコンプライアンス全般に関連してくることだとおもうのだが、騎手とは、ある意味徹底して〝古風な〟職人である。落馬したら死ぬかもしれないという世界を生きている。騎手は命を賭している、そういう職人の側面がある。他方で武豊のように、ばんばん勝つが、テレビの出演もして、インタビューもスマートで爽やかにこなすというケースがでてくると、それが標準形になってしまう。

総じて今の若手はみなインタビュー対応が巧い。例の女性新人ジョッキー今村聖奈も的確な返答が本当に上手である。そうしたことは時代の問題なのだからともおもうのだが、極度に綺麗さが繁茂してしまうと、賭博がもっている一面で、それがまとう「胡散臭さ」が希釈されてしまう。

それは『ウマ娘』の〝功罪〟ともいえるかもしれない。『ウマ娘』のようなヴァーチャルゲームには「生身」がない。競馬というのは、馬も死ぬ。目の前で、馬が骨折して安楽死という場面も、競馬場に通っていれば何度かみることになる。騎手も一歩間違えれば大怪我をするし、亡くなったジョッキーもたくさんいる。私の世代ではオグリキャップの宝塚記念で二着になった岡潤一郎が若くして落馬事故で世を去っており本当にショックだった。

それは、競馬はやはりライヴだということの一側面だろう。怪我をする、極端にいえば死んでしまうなどがリアルな話で、騎手側は命を賭している。

生身性が排除され数字だけの情報だけが飛び交うような世界と、競馬場のリアルな、生身の人間が騎乗している世界と、凄く乖離が起きている。ただ、これは世のなか全体の仕組みがそういうものにシフトしてきていて、競馬だけの話にかぎらない。

「賭ける」という行為

自分のように「安全な空間」にいる者が、騎手に対してそうした苦言を呈することができるのはなぜかという理由をいえば、一面では自らのお金を賭しているからではないだろうか。賭博というのは沢山の人の、莫大なお金が絡んでいる。

競馬は一〇〇円単位で馬券を売っているのだが、入場料の二〇〇円を払えば、一日競馬場にいられる。別に馬券を買わなくてもいい。一万円使っても、一〇〇万円使ってもいい。馬券を買わなきゃいけないという決まりもない。

この「賭けるお金を自分で決められる」というところが競馬の面白いところでもあるのだが、これはギャンブルが身を崩すという、ギャンブル中毒などの話もかかわってくるので難しい。しかし、自分の身を金銭に交換し、その金額を自己決定できることは、人間の生において本質的なことだとおもう。その意味で賭けに負けるということは生を実感する契機でもある。

さらにいえば、馬主の世界も一緒だ。セリによって一億数千万で取引される馬もいる、何億円の馬を買っても、その馬が必ずしも回収できるとはかぎらない。馬も生身の動物なので、優秀な血統であっても三歳の時に怪我をしてしまってレースにでられなかった、あるいは種牡馬になったとしても、種付けがうまくいかなかったということもあるのだ。

身銭を切ること

その意味で馬主も「賭け」をおこなっているし、牧場も同じである。

お金が絡んでくることによって、「身銭を切る」という行為が発生する。その意味で、お金というのは、騎手や馬にとっての身体や生命にあたるのかなともおもいもする。「身銭を切っている感覚」は、ライヴとしての競馬には必要なものだ。

その点で馬券購入がことごとくインターネットからになってしまうのはやはりつまらない。私は競馬場にいくと、途中のコンビニエンスストアのＡＴＭで何万円おろすかなと考える。そこではその日のレースに対する自分自身、決意、あり方、全部が試されているようにおもえてくる。その決断を経て、現金をもって競馬場やウインズに向かう。それが面白いし、身体や生命を賭けている競馬にとっての、自分の礼儀なのだ。

二〇一六年の有馬記念はサトノダイヤモンドとキタサンブラックが11―1できた。私は一〇万円を賭けようとして、同行していた学生に止められた。「先生、二万円はみんなの焼肉代にとっておいてください」といわれ、結局八万円を賭けたのだが、それで三〇万くらいは儲かった。テレビで芸人が何百万儲かったとかいう話からみれば慎ましい水準であるが、それでも私にとっては大きい。私は大学教授だが、月給なんて国家公務員水準なのでご承知の通りである。一〇万円台で勝負をする、というのは、その月の生活の何かを犠牲にしないとできない。そこで私はかなり冷静に考える。ときに「これは一〇万円単位で勝てるレースだ」と感じる場面がある。それは直感なのだが、この単位で賭ける時はほとんど外さない。逆にいえば千円から一万円くらいまでならば、大して考えもせず馬券を買ってしまう。

無論一〇万円単位では穴馬券は買わない（とても買えない）ので、さほど威張ったことでもない。だが、馬券の有名なセオリーのひとつで、絶対確実な一番人気か、怪しい一番人気かを見分け、前者をはっきりと自分で判別できるようにして、どんと賭けることだというのは正しいとおもう。

自分の例えをだしたが、結局馬券を買う金額は人によって違うわけで（ネオリベの勝ち組にとっては私の一〇万など彼らの一〇〇〇万かもしれない）、それは各自が考えればいいことだ。一〇〇円でもいいのだ。いずれにせよその行為は、自分の身体を交換していることに近いものがあるとおもう。それが賭博のスリリングな面でもある。

競馬の面白さというのは、馬も乗る側も生身の身体を（もちろん賞金も）賭けているが、みる側もまさに「身銭」を切っていることにあるとおもう。いずれにせよそれはある程度の〝痛み〟がともなう。しかし賭けたお金が時に、一〇倍になって返ってくる。まさに「あぶく銭」だ。競馬が賭博として嫌われるのはこの「あぶく銭」の感覚なのだろう。だが一面、「あぶく銭」が資本の本質と切り離されない以上、逆にそれを「身をもって」経験しておかないとそれも危ないのではと感じもする。

話をインターネット馬券に戻すが、インターネットで馬券を買うと、それは「貯金残高」の話になってしまう。株やFXをやっているような味気なさを私は感じる。勝っても負けても、数字が増えました、減りましたというだけの話に終始してしまう。

ただ、世の趨勢としては、インターネット上で残高がただ増減するだけの馬券、というようにいずれはなっていくのだろう。そこでは、「あぶく銭」の感覚が希薄だ。それは端的につまらないし、「賭博」が「身体」や「生」に触れている事実を綺麗に消して、「賭博」自身がもつ実感を追いやってしまう。身体としての現前が薄れていく。

でも競馬場で、当たり馬券を機械に突っ込むと、カシャカシャと音がして、お札がでてくる。その快楽は、いってみれば「自分の身体を賭けている」という実感に近い。その意味で賭博というのは、「自分を賭けている」行為なのだ。

第58回有馬記念を制し、有終の美を飾ったオルフェーヴル〔共同通信社〕

オルフェーヴル

2008年生まれ／牡／父　ステイゴールド／母　オリエンタルアート／最終戦績　21戦12勝（皐月賞・日本ダービー・菊花賞・有馬記念2勝・宝塚記念）

三〇年間競馬をみていて、当然であるが本当に「強い」馬というものに出逢うことは数少ない。速い馬というのはいる。ディープインパクトや、アーモンドアイは、やはり私は速い馬であるとおもう。「強い」というのは少しニュアンスがちがう。そこに、レースに対する強靱な意志をみる。したがって、これは世に盛んな「最強馬論争」というものとも異なる。

オルフェーヴルが三冠をとった二〇一一年は東日本大震災の年であった。東京自身が放射能の問題について相当揺れていた時であるが、トライアルのスプリングステークスは、中山競馬場の被害が大きかったため関西に移動し阪神でおこなわれ、勝っている。迎えた皐月賞もやはり中山競馬場が使えなかったために東京開催。スプリングステークスは勝ったものの、二歳戦からの戦績がいまひとつであったため四番人気にとどまっていた。しかし馬群をこじ開ける圧勝。ダービーも同じ。この馬は中山競馬場の有馬記念があっているので東京はどうかとおもうのだが（ジャパンカップは凱旋門賞帰りということもあるがジェンティルドンナに次いで二着である）馬場が渋ったのがむしろいい影響を与えていたとおもう。菊花賞も含め文句ない三冠であった。

オルフェーヴルについてとにかく記憶から消えないのは、二〇一二年の阪神大賞典、そして同年、一回目の凱旋門賞挑戦だろう。

ゴール板を二回通る阪神大賞典では、オルフェーヴルは一回目のゴール板を通った後、完全に先頭に立ってしまい、いわば「もういいだろう」といわんばかりに向こう正面で逸走している。池添謙一が必死で馬を御そうとしているが、なにしろ菊花賞後に池添を「終わったんだから」とでもいわんばかりに振り落としたオルフェーヴルである。あっという間にレースコースを外によれ、先頭から後方まで下がってしまう。

だがこのレース、何が凄いかというと、オルフェーヴルは「あれ、みんなまだ走っているじゃないか」と気がつくのである。そこで最後方から敢然と馬群にとりつき、あっという間に抜き去っていき、最後は勝てなかったものの二着になっている。これはもう、池添のコントロールではなくオルフェーヴルの意志である。そうとしかいいようがない。そしてここまで「走りたかった馬」というのもそうそういない。ステイゴールドの子供が「狂気の血」を引いているといわれるが、つまりは「強い」のである。

二〇一二年の凱旋門賞は、今でもビデオを見返すたびに、「どうしてこれで勝てなかったのか」という疑問が沸いてくるレースである。僚馬を従え、ロンシャン競馬場の直線までほぼ最後方にいたオルフェーヴルは、直線に入ってすぐに追いだしたクリストフ・スミヨンの動きに応じて、あっという間に先頭に立ってしまった。結果論からいえば、先頭に立ち、引き離すのがあまりに早すぎた。この週のロンシャンは重馬場で、オルフェーヴルにとっては重くて力のいる馬場になればなるほど有利であり、ヨーロッパの歴戦の馬たちがもたついているあいだに、瞬時に反応してしまったのである。これほどまでに強いとはスミヨンも想定していなかったのだろう。もうワンテンポ、あと数秒追いだしを遅らせていればこのレースは勝てたはずである。ロンシャンにいた私も「勝った」と確信した。その刹那、ゴール板前でオルフェーヴルは内によれ、スミヨンは右鞭を入れて修正しようとするのだが、ソレミアが間隙をつくように、ゴール直前で差し切ってしまった。もちろん引き離されて差し返すソレミアの重馬場巧者も凄いのだが（しかし直後のジャパンカップではスピード不足で一三着に敗退している）、これでも勝てないのかという実感が重くのしかかっている。だが、あの重馬場のロンシャンの直線を、あの勢いで突き抜ける馬がほかにいるかといえばそれも想像できることではない。私は文句なしに二〇一〇年代の日本馬がみせた最強のレースは、二〇一二年の凱旋門賞のオルフェーヴルだとおもっている。

終章　日本競馬はどこへ向かうのか

――凱旋門賞総括１　いい凱旋門賞だった。いい競馬とパリの食べ物があれば、人生何も余計なものはいりません。

（2012年10月8日 tweet〔オルフェーヴル二着の時。パリより〕）

馬の主体性・人間性

調教師、騎手ときて次は馬自身、血統について話をしていく。前提としてサラブレッドは「人工的」である。交配から何から全部決まっているし、結局今の馬を三世代も遡れば、みな良血だ。それは生物学上当たり前の話で、良血でないものが残っているわけがない。トップエリートの子供たちばかりが残っている。当然、そうでないものは淘汰される。

どういう馬が走るか、走らないかは、大まかにいえば血統でほぼ決まってしまう。だが、血統がよく（人気があり）、セリ市で高額取引された馬が必ずしも強いわけではない。いろいろな馬がいる。走るのが今ひとつ（大抵は脚部不安だが）でも、種牡馬になって手堅いケースもあるし、牝馬だったら繁殖に回すという手段もある。

オグリキャップは父親のダンシングキャップがほぼダート馬しかださないので、良血ではない地方出身馬とよくいわれたが、父系は、その後に流行りになるネイティヴダンサー系にグレイソヴリンがかかっており、妹のオグリローマンは中央の一九九四年桜花賞を勝っている。普通に考えれば良血である。とはいえ、オグリキャップの血統表をみれば、これはダート短距離なんだろうなとか、おおよそ推定されてしまうし、統計的にいえば（オグリキャップと同じ血統の馬をたくさん生産すれば）そうなるだろう。ただそれは、しばしば裏切られる。もちろん賭博とは裏切られるためにやることである。

競走馬はそもそも「走らされている」。だから競走馬になってても、しばらくすると出遅れ癖がでてくる場合もある。それは馬の「走りたくない気持ち」がでてしまっているからだ。また、「追い切り」というレース直前の調教があるのだが、馬の方も「三、四日後が本番でしょ」みたいな感じでわかっているので、ここでは本気で走らなくていいのだ、というところはあるとおもう。馬だって状況を理解している。頭がいい馬はいるのだ。

私はオグリキャップ中心主義者なので、どうしてもオグリキャップの話になってしまうが、オグリキャップから受けとる情動は、ただただ「走る意志」である。その圧倒的な「走る意志」が噴きでている感じ。とにかく走ってしまう。

例えば、オグリキャップの若い時のニュージーランドトロフィー四歳ステークス（現在の馬齢では三歳時・一九八八年）は、ぶっちぎり圧勝のレースなのだが、乗っている河内洋が本当に何もしていないのに、一頭だけただ直線を引き離していく。

また翌一八八九年の毎日王冠では、レースを最後方からすすめ、直線で次々と馬をかわしていき、最後は天皇賞馬イナリワンとのマッチレースのような状態をハナ差で差し切る。まるでどこがゴールなのか知っているかのように、ゴール前で差し切ったりする。あれは本当に、人間が馬の上に乗っかっているだけで、オグリキャップは走りたいんだな、とそれだけを感じさせるレースである。

もちろん、競馬は人間がおこなうもので、馬は使役される動物だし、率直にいえば、走らない馬は、牡馬の場合はほぼ、そして大抵の牝馬も最後には、よほどの良血でないかぎり淘汰される。綺麗ごとの世界ではない。人間がつくって、勝手に馬の一生を完全にコントロールする世界だ。それは確かである。それでも、なぜ競馬をみるのかというと、それは馬をつくっている人間の意図を超えて「馬自身が走る」、そうした場面にでくわすことが確実にあるからだとおもう。

だから私は、競馬は基本、競馬場でみるものだとおもっている。生きた馬が確かにそこにいて、もちろん人間の勝手で（いやいや）走らされているのだが、そんな人間たちの思惑を超えてしまう存在がやはりいる。そこに競馬の醍醐味があるのだ。

前の著作『『哲学者、競馬場へ行く』』にも書いたのだが、私は一回だけ、パドックをみて勝ち馬を当てたことがある。ヤエノムテキというオグリキャップと同時期の馬である。ヤエノムテキは栗毛という、所謂茶系統の色の馬なのだが、一九九〇年の天皇賞のパドックにでてきた時、本当に輝いてみえた。もちろんそれは日光の当たり具合とか、なんらかの条件があったのだろうし、また体調がよいというのもあったのだろう。ただ、その時は本当に凄い感じがして、これは勝つんじゃないかとおもっていたら本当に勝った。そういう事実はあるのだ。それは「人間が馬を操る」という範疇を超える。

偶然性や賭けの話題にも関連するが、競馬は理論的に考えれば勝つ馬は相当に絞れる。東京のマイル戦ではどういう血統の馬が走るだとか、父親や母親がこの血統だとこの距離は難しいなど、勝つための予想が立てられる。統計的には、ほとんどそういう予想に収まっていく。だけど、個別的な事象になるとやはり違う。まるで一頭だけ、人間が考える条件を超えて走ってしまう、あるいは人間のコントロールを超えて全然走らなかった馬もいる。馬は「よくわかっている」のだとおもう。馬が何も知らないということはなく、走らなかったらどうなるかは、馬だってわかっているのだろう。オルフェーヴルなんて最たるもので、二〇一二年の阪神大賞典の逸走（から挽回しての信じられない二着）は、二周するレースの一周目のゴール板をすぎて、「もう勝っただろ、レースやめるよ」といって鞍上の池添謙一の意志などお構いなしに、コースから外れていく。しかし、ふとみるとほかの馬はまだ競馬をやっている。先頭から最後方まで下がってしまったオルフェーヴルは、本当に「しまった、まだみんな走っているじゃないか」という感じで一気にレースのなかに入りゴールでほぼ先頭近くまで挽回する。勝てはしなかったものの、二着。オルフェーヴルはレースのこと、自分の役割をわかっているとしかおもえない。

人間によるバイオコントロール

アーモンドアイに代表される近年の牝馬の活躍とも関連することであるが、牝馬にはフケ、発情があり、それがレースに影響するといわれてきた。牝馬戦は荒れるという昔の定説があり、おそらく過去は、生物学的に抑制ができず、自然現象としてそのままにしていたのだろうが、今は全部バイオコントロールできてしまう。女子スポーツでも大事な大会に月経がかさならないように投薬などでコントロールすることがよくいわれているが、牝馬でも生体のコントロールみたいなものが、凄く効いてきているとおもう。

そもそも最近、なぜこんなに牝馬が束になって活躍しているかという問いに、明確な正解はないのだが、牝馬の台頭と、バイオロジーに依拠した生体のコントロールは相関しているとおもう。そういう意味で、馬がもつ自然を人間がコントロールする技術は上がっているのだろう。

しかし、二〇〇〇年代以降の牝馬、ダイワスカーレット、ウオッカ、ブエナビスタ、ジェンティルドンナ、それにつづくリスグラシューやクロノジェネシス、そしていうまでもなくアーモンドアイなど、牡馬を蹴散らす牝馬というのは、昔はとても考えられなかった。

牝馬で三冠馬になっても、かつては「牝馬同士の争い」のなかでの三冠でしかなかった。最初の牝馬三冠馬であったメジロラモーヌはその年〔一九八六年〕の有馬記念で九着、翌年の二冠馬マックスビューティーも有馬記念にでていて一〇着である。やはり牝馬最強クラスといっても、有馬記念にでてくるとそのあたりなのかという印象はあった。もちろんマイルや短距離にはダイイチルビー〔安田記念の勝ち馬〕など名馬もいた。一九九〇年代後半には天皇賞馬になったエアグルーヴもおり、エアグルーヴについては現在ではルーラーシップやドゥラメンテなど種牡馬の母系を形成してもいる。だが、これもエアグルーヴが特殊だという雰囲気だった。

今はまったく違う状況になっている。いわば牝馬が束になってでてきた。ウオッカとダイワスカーレットの二〇〇八年の天皇賞秋の叩きあい、ジェンティルドンナのジャパンカップ連覇と有馬記念勝利、アーモンドアイのGⅠ九勝などはやはり昔では考えられないことである。

そういう馬がでてくると、ほかにも古馬のGⅠに使ってみようか、あるいは牡馬が主体のダービーや菊花賞に使ってみようかということになる。

第二章の序盤でものべたアーモンドアイの記録更新など、昔は記録なんてやすやすとでなかった。東京のマイル戦もアーモンドアイとかさなるように、二〇一九年のヴィクトリアマイルのノームコアが、1分30秒5と、オグリキャップの安田記念〔一九九〇年〕を基準にするとだいたい2秒も早く走っている。昨今のレコード更新は、馬が飛躍的に強くなったというよりは、馬場が物凄く綺麗になったことも大きな要因なのだろう。よくいわれるが、今は芝を綺麗にしすぎともおもっている。もう少し馬場を荒れた感じにしないと、先行している馬が有利になりそのまま逃げ切ってしまう。馬場が適度に荒れていると、最後は力勝負になるので力のある馬が差してくる。でも馬場があまりに綺麗だとそういう場面がなく、すべるようにレースが終わってしまうのだ。

レコード連発の二〇一九年にサートゥルナーリアが負けたダービーなんてまったくそうだ。ロジャーバローズという馬が当時のダービーレコードで勝っているが、先行して前にいたら、流れるようにレースが進行してしまい後ろから何も差せない状態になった。ノームコアやロジャーバローズが強くないかといわれるとそんなことはないのだが、やっぱりここまでレコードがでるコースでいいのかとはおもう。

人間のコントロールのいい例として、二〇二二年前半のGⅠで、一番人気が全然勝てなかったことが挙げられる。圧倒的一番人気が外れると、かなりの高配当になるので、賭博的には盛り上がる。春先は、気候的に雨が週末にかけてよく降ったり、また気温が二五度を超えてきたりで馬場がかなり荒れたりしていた。天候は勝利と必ずしも関係がないとはいえないとおもう。

過去の映像でみてもらえばわかるのだが、一九九〇年代の競馬場というのは、五月のクラシックでも、芝レースでも砂煙が舞うみたいなところで走っていた。秋の東京は冬枯れの芝という雰囲気だった。今の東京競馬場の五月は、ちょっと異常な芝状態だ。このような景色は、昔はやはりなかった光景である。

日本馬は凱旋門賞勝利の夢をみるか

世界レコード更新など、日本の競走馬のレベルは世界的にみて確実に上がってきているが、それでも日本の調教師は、凱旋門賞を目指す。フランス競馬と日本競馬との類似と対比は、面白いテーマだなとおもう。近代競馬発祥の地イギリスではなく、フランスなのである。ヨーロッパの競馬は、三歳馬と古馬の頂点レース〔イギリスのキングジョージⅥ世&クイーンエリザベスステークス〕が七月にあり、夏競馬をはさんで、一〇月の凱旋門賞で大レースは終わる。ヨーロッパの年度の最終レースが凱旋門賞だということはあるし、もちろんイギリスにも（矢作厩舎など）積極的に遠征にいきはする。だが、日本競馬は、どういうわけか凱旋門賞を特権視している。ディープインパクトにせよ、オルフェーヴルにせよ、三冠馬がでたら「凱旋門賞にでよ」というのが至上命題で、凱旋門賞に勝つことが世界に到達することだというメンタリティになっている。

これは不思議な話でもある。今やドバイ国際競走の方が賞金は高い、あるいは世界勢力的にいえばアメリカの競馬が優勢である。だが、アメリカはダートが中心なので、日本馬はあまり出走しない。二〇二一年は、矢作調教師もブリーダーズカップ〔世界的に有名なアメリカ競馬の祭典〕というアメリカのGⅠに二頭もっていき、オークス馬ラヴズオンリーユーがブリーダーズカップ・フィリー&メアターフを、マルシュロレーヌが、ブリーダーズカップ・ディスタフを勝っている。とくに後者は、ダート主体のアメリカで、日本のダート馬が勝つのは至難といわれていたので、日本競馬界にとってちょっとしたニュースになった。

そういう次第で、もはや（フランス派の私でさえ）凱旋門賞を特権視することはないのではないかともおもう。だが、やはり芝の二四〇〇の比較的フラットなコースで勝負をさせることが、世界的な競馬の基本であり、日本の競馬界も、そこに強い規範をおいている。フランス凱旋門賞で勝てないと、自分たちは世界一にはならないと自己規定している側面がある。もうアメリカやドバイ、香港やシンガポールで勝つことの方が実質的な意味があるかもしれず、世界的趨勢はそうなっている現状で、今さらわざわざ凱旋門賞を勝つことにそんな大きな意味があるのかともおもえる。だが、日本競馬を呪縛するような「凱旋門賞の幻影」というのはある意味「永遠の目標」になっていてロマンの部分もあるのだろう。

もっとも勝ちに近かったのは二〇一二年のオルフェーヴルで、スミヨンがこの馬の能力を信じてもうワンテンポ追いだしを遅らせれば楽勝だったとおもうが、残り四〇〇メートルで一気に抜けだしてしまい、最後の脚がもたなかった。二〇一〇年に日本では宝塚記念馬であるが、おおよそ「最強馬論争」にでてくるとはおもえないナカヤマフェスタも二着といい勝負をしたのだが、これについてはナカヤマフェスタには失礼だが、この馬が勝ってしまったら、夢の凱旋門賞というのはなんだったのかということになりかねなかった。とはいうものの、どこかで凱旋門賞を勝つとするならば、こうしたナカヤマフェスタのような存在なのではないかとおもう。

その意味で私は、二〇二二年の凱旋門賞はナカヤマフェスタやオルフェーヴルと同じステイゴールド産駒のステイフーリッシュに期待をした。結果日本馬は逃げたタイトルホルダーがそこその競馬をした以外は惨敗であった。だが大雨のパリロンシャンがどれほどタフか、日本の競馬場と異なるかはもうみな知っているだろう。ダービー馬ドウデュースはほぼ後方を回ってきただけであるが、そもそもあの重い雨の馬場に、五月の東京のダービーレコードをだす馬が適合するわけはない。そんなことは、武豊は百も承知であったはずで、あのレースはどれだけ消耗させせないかしか考えることもなかっただろう。それでも日本馬はきっと凱旋門賞に挑戦しつづけるのだろうし、どこかで、誰も想定しえないかたちで、さらっと勝つかもしれない。競馬とはそういうものだ。だけどそうなると「永遠の目標」が消えてしまって、ちょっと「寂しい」感じがするのだろうなとおもう。

日本競馬の核心とは

繰り返すが、私は競馬の一ファンであり、専門的な知識があるわけではない。ただただ自分が生きているそのリズムを土日の競馬でつくり、贔屓の馬が勝てば喜び、負ければ悲しむ。大した金額は賭けないが、それでもあぶく銭がふり落ちてくる時はあり、それでジャケットや靴を新調する。大観衆に溢れる中山競馬場の有馬記念、東京競馬場の東京優駿〔日本ダービー〕も好きであり、数々の忘れえぬ記憶をもっている。冬の寒風に吹きさらしになり、ひと気の少ない一二月開催の阪神競馬場（アグネスタキオン、クロフネ、ジャングルポケットの対決した二〇〇〇年のラジオたんぱ杯三歳〔現在の馬齢では二歳〕ステークスをこの目でみたのは自慢である。自分のベストレースのひとつである）、正月明けの京都金杯もいろいろなじみが多いレースである。各人には各人の競馬があり、それぞれが正しい競馬である。これがいいというものはない。賭けること、儲けることに熱中する人もいるだろうし、ただ馬をみることが好きな人もいるだろう。ただ、競馬場の雑踏、ウインズの群衆のなかに入り込むとどことなく私は安心感を覚える。自分の居場所のひとつだなという非常に安心した気分になる。そういう競馬へのポイントは各人各様である。

日本競馬はもともと賭博性の強い娯楽として発展したため、私のようなもの（競馬関係者でもなく、馬主になれるほど金持ちでもなく、競馬の雑文書きがせいぜいのもの）でも入り込むことができたのかもしれない。ただし、そうした大衆性は日本競馬の強みでもある。もちろんこの三〇年間で、藤沢調教師や角居調教師が中心となってなされた競馬のスポーツ化、グローバル化には大賛成である。自分は彼らのつくった競馬を存分に、時間を辿って堪能したのだから。だがその先の舞台が、海外中心となってしまうとそれも少し寂しい。天皇賞秋や有馬記念にはやはり最強馬がでて、ターフを沸かせてほしい。

日本競馬の核心は、競馬場に、ウインズにすくう賭博者たちを、そこでの大衆の群れを、その叫びや喜びを、温かく包む空間であったことにあるとやはりおもう。今後のカジノ化、馬券のコンピューター購入化は空間のあり方とは無関係にどんどんすすむだろう。

しかし世界のどこにもないような、有象無象の大衆の集うライヴ感は、二〇二〇年代以降においてもやはり大切にしてほしいし、すべきだとおもう。競馬場の雑踏、ウインズの雑踏は、現在の世のなかでは起こりえない、他人との、距離のある「共同意識」の場でもある。そしてそこでの泣き笑い、悔しさや喜びは、人間が生きることの原点、しかし、都市の孤立化がすすんでいくなかで、かなり珍しい場所でもあるとおもう。いつまでたっても海外の騎手に「あんなに観客のいる競馬場でまた競馬をしてみたい」といわれる、そうした場所でありつづけてほしいとおもう。

「競馬は人生の比喩ではない、人生が競馬の比喩なのである」〔寺山修司〕——それは、この言葉を生きる哲学者の、ささやかな願いである。

ジェンティルドンナ

2009年生まれ／牝／父　ディープインパクト／母　ドナブリーニ／最終戦績19戦10勝（桜花賞・オークス・秋華賞・ジャパンカップ2勝・ドバイシーマクラシック・有馬記念）

二〇一二年の牝馬三冠馬であるジェンティルドンナは、けっしてデビュー時から目立っていた馬というわけではなかった。新馬戦も、桜花賞トライアルのチューリップ賞も負けており、桜花賞では二番人気。圧倒的に強い馬という印象は最初からはなかったとおもう。

それが、アーモンドアイがでてくるまではこの記録は破られまいという成績を挙げる。三歳牝馬クラシック三冠と同年のジャパンカップを勝ってしまい、翌年の四歳時も含めてジャパンカップ史上初の連覇。これを牝馬がやってのけるのだから破格である。繰り返すが、アーモンドアイがいなければ、この成績は牝馬が達成できる「ベスト」に近いわけで（あとは二歳GIを勝つことくらいしか課題はなかったようにもおもえる）こんな馬が現れるのか、と少し驚嘆した覚えがある。

いかにもディープインパクト産駒の牝馬という趣で、とにかく後方からの切れ味が物凄かった。桜花賞は岩田康誠の騎乗で見事な差し切り。優駿牝馬〔オークス〕は岩田が騎乗できず、鞍上は当時GIを勝っているとはいえまだ若手であった川田将雅。川田もここは試練の一鞍だったとおもうが、ジェンティルドンナの方が、いわば涼しい顔で後方から、いかにも東京の芝を楽しむかのように差し切った。秋華賞も危なげなく勝って、牝馬最強馬論争を巻き起こすに充分な戦績である。

ジェンティルドンナの前には牝馬ダービー馬であり、安田記念や天皇賞秋など東京競馬場で無類の強さを発揮したウオッカ、二冠馬であるが天皇賞秋・ジャパンカップ勝ち馬であるブエナビスタがいる。またウオッカの同世代でやはり二冠馬で有馬記念馬であるダイワスカーレットも看過しえない。これほどまでに強い牝馬が次々と現れると、牡馬はもっとしっかりしてくれといいたくなる部分もあるが、ジェンティルドンナの三冠+ジャパンカップという三歳時の戦績は、こうした諸先輩がけっして成し遂げられなかった完璧性をもっている。しかも三歳時のジャパンカップで叩きあいの相手になったのは、凱旋門賞帰りで疲労は考えるべきだろうが、あのオルフェーヴルである。これには多分に東京競馬場適正はジ

第73回オークスを当時のレースレコードで制したジェンティルドンナ〔共同通信社〕

エンティルドンナの方がいい、ということはあるとおもわれるが、しかしながら、一年年上の牡馬三冠馬、凱旋門賞をあわや圧勝かという馬を返り討ちのように東京で下しているのだから、これに文句をつける方がおかしい。

その後も、数々のディープインパクト牝馬が現れるわけだが、東京の直線の切れ味という意味では、この馬がディープインパクトの最良の資質を引きついでいたことは明らかであり、ジェンティルドンナを越える牝馬がでてくるわけはないだろうと真面目におもえたのである。海外のドバイシーマクラシックを加えるとGI七勝。この数字を越えるのはほとんど不可能ではないかとおもえるものだった。アーモンドアイがでてくるまでは。

アーモンドアイには、ご承知のようにGI九勝という「数字」を並べられてしまい、現在の状況ではこの馬がアーモンドアイ（たとえ二〇一〇年代の牝馬で限定しても）より上だと主張するのはなかなか難しくなったとおもう。しかしこの馬の圧巻は、実は最後の有馬記念にあるといってもいい。これほどの馬であるというのに五歳時の引退レース、有馬記念は四番人気。中山競馬場を走るのが初ということもあり、あまりの切れ味はやはり東京のコースでこそだと誰もがおもっていたのだろう。過去のウオッカやブエナビスタも有馬では勝てなかった。

私はこの有馬記念も現地でみているが、そうした懸念を嘲笑うようにゴールドシップやエピファネイアを従えての圧勝。父のディープインパクトの最後の有馬記念を彷彿とさせるものであり、「有馬を勝てなかったじゃないか」と未来永劫いわれつづけるであろうアーモンドアイに対してのアドヴァンテージを、この点で有しているのである。

エイシンヒカリ

2011年生まれ／牡／父　ディープインパクト／母　キャタリナ／最終戦績15戦10勝（イスパーン賞・香港カップ）

個性派ディープインパクト牡馬ナンバーワンといえばエイシンヒカリをおいてほかにないだろう。血統的には父ディープインパクト、母の父はストームキャット〔Storm Cat〕という当代流行中の流行ともいえる組みあわせであるのだが芦毛であるところはちょっと変わっている（母母父のカロ〔Caro〕の芦毛遺伝子で、この白い毛はタマモクロスの芦毛と同じである）。とはいえ、この馬の何が変わっているのかといえば、強いのだけれども、左回りが回れないことにある。

とりわけ印象的だったのはデビュー四連勝、無敗のまま挑んだオープン特別、東京のアイルライドトロフィーである。仕上がりが遅かったためか、デビューが三歳の四月で当然クラシックに間にあうわけもなく、未勝利戦から着々と勝ちを積みかさねてきて古馬のオープン戦にぶつけたのだが、問題はここが東京の左回りコースだったということ。それまでは地元関西の阪神と京都しか走ったことがなく、初の関東遠征、初の左回りだが、まさかこんなことになるとは陣営もおもっていなかったにちがいない。

日本の競馬場は、ヨーロッパベースにアメリカをとり入れているというハイブリッドな仕様で、ヨーロッパの競馬場は基本右回り芝、アメリカの競馬場は左回りダートである（無論例外はある。イギリスのダービーをおこなう〝聖地〟エプソム競馬場は左回りである）。日本のクラシックの根幹戦である東京優駿（日本ダービー）と優駿牝馬は左回り芝というまさにアメリカヨーロッパハイブリッドでおこなわれる。それゆえ、あらかたの名馬とよばれる馬は東京左回りを走るのだが、デビューが遅かったエイシンヒカリは、どうもそのチャンスをのがしたようだ。競馬場は京都・阪神の右回りとおもいこみ、巧く左に回れない馬がある程度の割合で発生するのである。エイシンヒカリもその一例だったといえるだろう。

まあ、回れないといっても、これは軸足の使い方の問題で、左回りの場合は、左手前（左の前脚が前にくる走り方）でうまくいかず、右手前（右の前脚が前にくる走り方）で走ると、コーナーでどんどん外へ膨れることになってしまう。近年では関東馬のリフレイムもそうなのだが、東京はさらにいえば直線の幅がやたらと広い。結果、大外の埒《らち》まで吹っ飛んでいくような走りになり、普通にまっすぐに走っている馬からするとどんどん外へ離れていくことになる。みていてもどっちが先頭なのかさっぱりわからない。

エイシンヒカリは本当に東京の直線をずーっと大外の埒までよれながら走り（単純に考えて三角形の斜辺を走る感じになるので距離を余計に走ることになる）、しかし勝った。どんどん横によれるので、これがまっすぐ走っていたらどこまで引き離したのかとおもいもするが、これは横によれるがゆえにスピードが落ちないのかもしれず、なんともいえない。五戦五勝のオープン入りは立派なもので、どこまで勝つかとおもわれたが、次走の重賞チャレンジカップ（阪神・右回り）は九着。その後陣営は武豊を起用して、ことさらに東京左回りのエプソムカップと毎日王冠を使い、今度はまっすぐ走って重賞二勝目。しかし期待された天皇賞秋は、二〇〇〇メートルの距離がいささか長かったのか九着に終わっている。次年度の天皇賞もモーリスが制し、エイシンヒカリは一〇着でともに二番人気の期待には応えられなかった。

エイシンヒカリ自身は右回りを求めるかのように香港カップの二〇〇〇メートルのGI、そしてフランスのイスパーン賞一八〇〇メートルのGIに向かい連勝。海外GIは二勝も挙げており、大変強い馬であることは確か（おそらくこの馬の最適距離は一八〇〇メートルで、日本にはこの距離でＧＩがないということもかなり効いている）なのだが、やはり日本でＧＩ勝ちがないというのはハンデともいうべきで、エイシンヒカリは大外に吹っ飛んでいっても勝ったアイルランドトロフィーの馬としてずっと記憶されつづけるに違いない。

ちなみに右回りで難ありの馬は皐月賞のドゥラメンテやホープフルステークスのランドオブリバティがいるが、ドゥラメンテは外に膨れながらも皐月賞を勝っている。右回りも左回りも現在のトレーニングセンターでは簡単に矯正できるかとおもいきや、個性派が本気で走ってしまった時のこうした不審な挙動ともいうべき癖は、馬がどこまでいっても野生の生き物にほかならないことの証しではないだろうか。

ダノンプレミアム

2015年生まれ／牡／父　ディープインパクト／母　インディアナギャル／
最終戦績　15戦6勝（朝日杯フューチュリティステークス）

長年競馬をみている人間にとって、秋の二歳の東京・京都戦、二歳冬の阪神・中山戦というのは次年度のクラシックホースをみつけだす（ただ強い馬はみなが騒ぐので、わりと穴目で探すのがコツではあるのだが）のが何よりも楽しみで、春のクラシック戦線というのは、もちろん年明けデビューでスターダムに躍りでる馬はいるとはいえ、一種の答えあわせという様相を呈するものでもある。三〇年も競馬をみていると、本当に強い馬というのはやはり強いのであって、秋に鮮烈な印象を残した馬というのは後に好成績を残すものが多いのだ。ダノンプレミアムにとって二世代下のコントレイルなどはその類型そのもので、二歳時の東京スポーツ杯の勝ち方があまりに強く、多くの人が「これは三冠馬だ！」確信しただろう。実際無敗の三冠馬になっている。

一方で、ダノンプレミアムである。出世レースのひとつである秋の東京のサウジアラビアロイヤルカップ〔GⅢ〕を圧勝し、無難に阪神の二歳GⅠ朝日杯フューチュリティステークスを勝った時には、多くの人に「これは三冠いけるだろう」とおもわせるのに充分であった。朝日杯では、有力視されていたステルヴィオに三馬身半という圧倒的な差をつけており、ディープインパクトの後継種牡馬が「待望」されていたこともあって、「この馬は三冠に手が届くだろう」という雰囲気がただよっていた。前哨戦の弥生賞も、ここで距離が延びることもあり、不安視する声はあれど、まったく危なげなく通過して、「さあ、次も」と誰もがおもったことだろう。

だが、である。「これだけの馬」が、この後「え、まさかこうなるとは」ともう類例は、私の経験上も少ない。もちろん類似の馬としてフジキセキや牝馬のレーヴディソールがいることはいる。だがこれらは、屈腱炎発症で弥生賞で引退してしまったり、桜花賞の追い切りの後に骨折が判明したりという、いわば致し方がない部分はある。結果論でいえばダノンプレミアムも弥生賞を勝ち無敗で引退していれば、フジキセキのように「幻の三冠馬」としてもち上げられていたかもしれないのだ。

皐月賞を挫跖《ざせき》のため回避し、ぶっつけでできた東京優駿。距離不安と調整不足がささやかれながらも、一番人気を背負ったこのレースでの六着はやむをえないことかとおもう。逃げた皐月賞馬エポカドーロの三番手で、エポカドーロが二着にねばっていることを考えれば先行策も失敗ではない。直線で一瞬くるかというみせ場はつくった。この時点では、ダノンプレミアムはこれで終わるはずはないと誰もがまだおもっていた。

四歳時の初戦、金鯱賞はのちの宝塚記念・有馬記念ホースのリスグラシューを寄せ付けず圧勝。その後中内田充正厩舎陣営は、なぜか二〇〇〇メートルのレースを使いながらも大阪杯GⅠに出走させることなく、GⅡの読売マイラーズカップを挟んで安田記念へ。ここで、なぜ金鯱賞を使った後、大阪杯に向かわなかったのかという疑念が生じる。そして安田記念。満を持して古馬GⅠの舞台では、アーモンドアイを徹底マークし、アーモンドアイの勝ちを潰す役割をするものの自身は一六着と不可解な大敗。天皇賞秋、マイルチャンピオンシップも二着と、弱いわけではないながら「三冠馬か」といわれた二歳時の破壊的な強さは影を潜めてしまい、その後海外に向かうも結局古馬のGⅠを勝つことはなかった。

弥生賞を勝った時に、怪我で引退というシナリオを除いて、この馬がクラシックや古馬のGⅠを勝てないとはおおよそ想像もつかなかったほどだ。ボタンの掛け違いはそもそも皐月賞回避にあったのか。その後の中距離路線でいくのか、マイルでいくのかという陣営の試行錯誤も含めて、何かがかみあわず、紙一重のようにGIをのがしつづけた馬になってしまった。ファンとしては不完全燃焼の一言に尽きるが、結局はディープインパクト産駒の牡馬にささやかれる古馬になって成長しないという説を一層強化する（それはコントレイルでも結局は消せなかった）だけに終わってしまった。

皐月賞に順調にでていれば、大阪杯に向かっていれば、不世出の名馬だった可能性はあったのではないかとおもわずにはいられない一頭である。

クロノジェネシス

2016年生まれ／牝／父　バゴ／母　クロノロジスト／最終戦績　17戦8勝
（秋華賞・宝塚記念2勝・有馬記念）

牝馬の時代といわれる二〇一〇〜二〇二〇年代とはいえ、クロノジェネシスの戦績はいささか異様である。三歳時の、桜花賞と優駿牝馬三着からの、秋華賞でのGI初制覇は常識にかなっている。しかしその後この馬は凄みをみせる。宝塚記念連覇、六五回有馬記念を圧勝してしまうのである。引退レースの有馬記念は、凱旋門賞七着の帰国後であった。疲労がなければ勝っていたかもしれない。

そもそも近年の宝塚記念は結構な消耗戦になっており連覇をすること自体難しいだろう。ゴールドシップの二〇一三年、二〇一四年の連覇があるが、同馬が阪神大賞典三連覇（同一重賞三連覇は平地競走としてはゴールドシップとタップダンスシチーの金鯱賞三連覇だけだとおもう）したのは、スタミナのお化けみたいなものだったからだ。宝塚記念も、ここ数年はマリアライト、リスグラシューと牝馬の勝ち馬がでているが、そもそも牝馬の勝利は、グレード制導入以降は二〇〇五年のスイープトウショウが初めてである。これは現地でみており、牝馬が勝つとおもわなかったので、かなり驚いた記憶がある。

過去に遡っても伝統あるGI戦としては、ほぼ牝馬は勝てないというのが宝塚記念の特徴でもあり、春のシーズン終わり、梅雨の気候で馬場は荒れ、スタミナ消耗戦になるこのレースにとって致し方がないことのようにもおもえる。

この馬は父親が二〇〇四年の凱旋門賞馬バゴ、ナシュワン〔Nashwan〕の系譜である。凱旋門賞馬が日本の芝の種牡馬としてよいのかというと難しく（それが凱旋門賞と日本競馬の奇妙な関係を支えてもいるのだが）スタミナに優れるが大抵スピードが足らず、バゴもその例にもれない。日本に導入された直後に二〇一〇年の菊花賞馬ビッグウィーク、二〇一〇年の桜花賞二着のオウケンサクラなどの活躍馬はだすものの、その後は鳴かず飛ばずで、クロノジェネシスがでてきた時は、正直にいえばまだ種牡馬をやっていたのかと驚いたほどである。

この馬は母父がクロフネで、芝・ダートのスピード系、それでももっていたのだろうなとおもう。母父クロフネはクロノジェネシスの姉であり、東京マイルのコースレコード〔二〇二三年一月現在〕をもっているノームコア、GI大阪杯まで無敗で突っ切ったレイパパレ、二〇二一年秋の牝馬クラシックを賑わせていたスタ

宝塚記念を制したクロノジェネシス〔共同通信社〕

ニングローズなどを輩出しており、母系からスピード系統の血を入れるのに、相当に優れた役割をしているとおもわれる。クロノジェネシスも、父系の凱旋門賞馬の重い芝向きの血と、軽いスピード系の母系が巧くかみあった結果であろうとおもわれる。逆にいえば、この馬こそは（父も勝ち馬である）凱旋門賞に最適かとおもわれながらも、クロフネのスピード系に脚をとられたのかもしれない。

　しかしこの馬の本領は、なんといっても宝塚記念や有馬記念の、強い馬がねじ伏せるように勝つことを求められる舞台で活躍できた鈍重さにあるともいえる。同世代にディープインパクト産駒のグランアレグリアがいたものの、グランアレグリアはいかにも直線のスピードで切れる脚を使えるタイプで、とりわけスプリントからマイルまでの距離の上がり一ハロンは魔法のようなスピードであった。一方のクロノジェネシスはまったく異なって、より重く、昔のシンザンがそう形容されたように、鉈で一太刀するような競馬で、力のいる馬場を押し切って勝ってしまう、そうしたものであった。グランアレグリアとの直接対決がマイルの桜花賞のみ（勝ち馬はグランアレグリア）であったというのは、牝馬としての対照的なあり方をみせている。また一世代上の怪物アーモンドアイに対して、天皇賞秋という、アーモンドアイに有利なスピード競馬でも三着に差してきているところは、この馬の融通無碍性をみせているともいえるだろう。

豪華な牝馬対決も、タフな馬場である有馬記念や宝塚記念の舞台を設定したらクロノジェネシスが勝ったはずである。牝馬の時代の、ある種のスピード競馬に偏らない厚みの部分を演出したという意味では、ここ一〇年の牝馬の時代を代表する馬の重要なポジションを占める一頭と考えてまったく差し支えがないだろう。

二〇二二年凱旋門賞回顧

二〇二二年の凱旋門賞は、四頭もの日本馬（タイトルホルダー、ドウデュース、ステイフーリッシュ、ディープボンド）が参戦し、タイトルホルダーは天皇賞春と宝塚記念を圧勝、ドウデュースは東京優駿をダービーレコード勝ちした後での凱旋門ということでまさに旬の馬の挑戦ということで期待は大きかった。ステイフーリッシュにしてもサウジアラビアのレッドシーターフハンデキャップ〔GⅢ〕とGⅡのドバイゴールドカップを勝ち、夏にはフランスのドーヴィル大賞典〔GⅡ〕をあわやの二着、その上に凱旋門賞に強いステイゴールド産駒である。ディープボンドも二〇二一年凱旋門賞に大敗しているとはいえ、二回目の挑戦、しかも天皇賞春は勝てなかったもののタイトルホルダーに次ぐ二着という状況を考えれば、凱旋門賞に向かう日本馬としては最強の布陣ともいえ、とくにタイトルホルダーはスタミナがある逃げ馬で、母の父は凱旋門賞二連覇をした牝馬トレヴ〔Treve〕をだしたモティヴェーター〔Motivator〕、その父は凱旋門賞モンジューとあれば、これはとおもわせる血統である（五大血統表にはほかにもトニービン、ミルリーフ〔Mill Reef〕という凱旋門賞馬の名前がみてとれる）。ドウデュースも、ダービー馬の三歳時の挑戦としてはキズナ〔二〇一三年四着〕、マカヒキ〔二〇一六年一四着〕に次ぐもので、父ハーツクライはやはりトニービンを内包しており、良馬場という条件であればどうにかなりそうな雰囲気に充ちていた。

とはいうものの、そのドウデュースは前哨戦の三歳GⅡニエル賞で四着。この前哨戦はキズナもマカヒキも勝って凱旋門賞に臨んだので、ドウデュースにかかる期待も大きかったのだが、いささか暗雲が垂れ込める負け方。友道康夫厩舎陣営は、仕上げ途上だ、これから叩き上げていくという趣旨のコメントであったが、端的にパリロンシャンの馬場があっていないのではないかという不安のよぎるものであった。

結果は誰もが知るように、惨敗である。タイトルホルダーが予想されたように逃げの手にでたものの、直前の雨とその週に降りつづいた雨で、ただでさえ重い芝がやたらと重くなった。重い芝でいつもの軽快さはみられず、直線で勝ち馬のアルピニスタに抜かれるとずるずると後退して一一着、その後にステイフーリッシュ一四着、ディープボンド一八着、ドウデュース一九着〔二〇頭立て〕であるのだから、これは惨敗だとしかいいようがない。

しかし、率直にいえば今年のパリは例年よりも雨がちの天気で馬場がこれは……というぐらいの重さで、その上に実況中継にもうつったが直前に相当な豪雨が降った。日本馬は、こんな芝では走った経験がないに等しく、正直やむをえないものともいえる。

好スタートを切ったタイトルホルダーにしても、宝塚記念からのぶっつけは、凱旋門賞まで相当の間隔である。そもそも若く海外騎乗経験もほとんどない横山和生を乗せたということ自体、どこまで本気かと問われる部分もある。パリロンシャンの馬場が、武豊のように何度も騎乗しているわけもない騎手でこなせるかというと、最初から挑戦の意義が強くなってしまう。（かつてオルフェーヴルにスミヨンを配置したように、日本で騎乗していた池添謙一であれば勝っていたかもしれないという結果論もいえるのだが）「勝つ気」であればフランスに慣れている騎手は必須だろう。しかし、繰り返すがやむをえないとしかいいようがない。

ドウデュースにかんしては、とにかく馬場があっていなかった、の一言に尽きる。そんなに荒れた馬場ではなかった前哨戦でも七頭立ての四着で、前述した厩舎コメントでいくらこれから仕上げるといっても、日本のダービー馬の水準としてここはクリアすべきところである。これは能力の問題というよりも、適正の問題に帰着する。武豊が本番の凱旋門賞で「いく気」がみえなければ最小の消耗で競馬を終わらせるという結果で後ろを回ってきただけというのは、いい判断であるともおもえるものであった。これが東京の芝の二四〇〇であれば明らかにドウデュースは強い。パリロンシャンの重い馬場との相性からみて、凱旋門賞に挑戦すること自体がこういう結果を招くとしかいいようがないのである。

日本馬の凱旋門賞勝利の夢はやぶれたが、今回の凱旋門賞は、ここ一〇年の血統地図をみた時に、相当に考えさせるものがある。

現在のヨーロッパ競馬は率直にいってガリレオ〔Galileo〕の天下である。ガリレオ自身がノーザンダンサー〔Northern Dancer〕系のサドラーズウェルズ〔Sadler's Wells〕を父に、そして凱旋門賞馬アーバンシーを母にもち、凱旋門賞には出走しなかったがアイルランドダービーとエプソムダービーの二か国ダービー制覇をしている。その弟であるシーザスターズ〔Sea the Stars〕もやはり凱旋門賞馬。今年のイギリス、アイルランド、フランスのクラシックはことごとくガリレオが入っている馬、あるいはガリレオではなくともシーザスターズというガリレオの影武者のような馬の産駒である。また母のアーバンシーのその母アレグレッタ〔Allegretta〕はこれも種牡馬キングズベストほか数々のクラシックホースをだしている。

今回の凱旋門賞も、勝ち馬のアルピニスタは父フランケル〔Frankel〕でその父はガリレオ、二着のフランスダービー馬ヴァデニは父がチャーチル〔Churchill〕でその父がガリレオ、三着で二〇二一年の勝ち馬トルカータタッソは父系の母系も、その馬自身の母系もアレグレッタつまりガリレオの母系を二重にかけた血統、ここにサドラーズウェルズが父系になっているので、実質ガリレオが血統表のなかで再現されているようなもの。四着のアルハキームは母の父がガリレオである。

要するにガリレオ関係の血が入っていない馬は現在のロンシャンははじめから問題外で、重いサドラーズウェルズの血を、フランケルなどのスピード系にもっていたのがガリレオの役割であれば、もうヨーロッパは凱旋門賞制覇の解をみつけているのである。

ところが、このサドラーズウェルズ系譜の馬というのは、ヨーロッパ長距離の根本的な馬であるにもかかわらず日本とは相性が悪い。オペラハウスを通じてG

I七勝のテイエムオペラオーや、二冠馬のメイショウサムソンをだしてはいるのだが、その子供となると、このサンデーサイレンス—ディープインパクト全盛期においては、どうにもスピードがたりない。ガリレオ系統は父フランケルとしてソウルスターリング〔阪神ジュヴェナイルフィリーズ、優駿牝馬〕やモズアスコット〔安田記念、フェブラリーステークス〕というスピード馬をだしておりさすがなのだが、その系譜が日本競馬のなかに根付いて、ヨーロッパにもっていけるような馬がつくれるかといえば心許ない。

これはここ一〇年の日本の馬産が、どうしても種牡馬デュープインパクトのサンデーサイレンス系、あるいはキングカメハメハのキングマンボ〔Kingmambo〕系に偏り、とりわけディープインパクトにはアメリカのストームキャット〔Storm Cat〕や、あるいはファピアノ〔Fappiano〕、アンブライドルド〔Unbridled〕、ティズナウ〔Tiznow〕などの、スピード重視の馬をかけつづけたことに原因がある。もちろんこうしたアメリカの軽い血をディープインパクト系につけることは、日本競馬が東京二四〇〇をともあれのターゲットとしている以上、理屈はよくわかる。三冠馬コントレイルの血統が、マイル〔一六〇〇〕から二〇〇〇までだといわれたのはこれによるといってもよい。だが、凱旋門賞を目指す日本馬としてはまさにこれは矛盾である。アメリカの軽い血を入れれば入れるほど、凱旋門賞は遠のくだろう。無論近年にも、シュネルマイスターなどドイツ系の血を入れてもいる。しかしながら、日本はまったくサドラーズウェルズを巧く使えていない。ガリレオで息を吹き返したサドラーズウェルズ系を入れない以上、今の凱旋門賞は端的に無理である。

ヨーロッパ側もこれでいいのかという気がしなくもない。サドラーズウェルズ系は、ノーザンダンサーが輩出したダンジグ〔Danzig〕系やニジンスキー〔Nijinsky〕系、リファール〔Lyphard〕系、フレンチデピュティ〔French Deputy〕系、日本のノーザンテースト系などすでに各種の系統をだし尽くしておりもちろんそれぞれ違った血が含まれているのだが、とはいえ、今のヨーロッパはノーザンダンサー系の多重交配がきわめて強く、日本の交配からみれば考えものだ。外の血は必要で、日本がそこで、サンデーサイレンス系という異形の血を囲い込んだ。そして大成功したのはその異端ぶり、とくに母系にかかる血の独自性（アメリカ血統ではない）であったとおもう。

そして血統がいき詰まるとどうしても「血の更新」が必要になるだろう。余計なお世話かもしれないが、アメリカとヨーロッパを適切にブレンドし、過去に消えていった血統のカケラを拾っているのが日本である。日本はすでにガリレオで飽和しているヨーロッパ（強い馬を交配させるとかならずガリレオやサドラーズウェルズの近親交配が生じざるをえない）にとって意味があるのではとおもう。

凱旋門賞に日本馬がなかなか届かないのは、こうしたヨーロッパの血の更新が、日本のそれとはまったく逆に進行していたからだともいえる。凱旋門賞を振り返ってみると、ディープインパクトやオルフェーヴルの一〇年以上前の方が、まだ勝負になっていた。最近は勝負さえできていないのは、ひとえに日本にほとんど入ってきていないガリレオ血統の圧倒的成功という事情も大きいとおもう。日本馬が弱くなったというよりも、ヨーロッパの血統地図から日本があまりに遅れはじめたのである。

スピードも兼ね備えたサドラーズウェルズ系の一人勝ち状態だが、なかなか日本は使えない。だが、もし凱旋門賞を本気で目指すのであれば、馬場適性の問題からみていかなければ話にならないということを明示したのがこの凱旋門賞であり、サドラーズウェルズとガリレオを軸とする世界の血統地図からの遅れと比例するように一〇年、一五年前よりむしろ差が開いてしまった。ただ日本にガリレオの血をもってきて繁茂させるというのは、かなり難しいのではともおもう。世界勢力図でみるとアメリカは独自の発展を遂げているし、日本もそうであってよい。いや日本はまさにそういう馬産をしてきた。だが凱旋門賞については、「この一〇年でより引き離された」という事実と、その理由はサンデーサイレンス系とアメリカ系が主流の今の日本の馬産にほかならない。そして、世界が同じ血統になることはないのだ（それは先を考えると危険である）。

問題の所在は理解できるのだが、これではますます凱旋門賞は遠くなってしまう、そう感じられた二〇二二年の一戦であった。解き方はわからない。凱旋門賞にいくなということにもならない。アメリカ、ドバイ、サウジアラビア、香港は近くなっているのだが、凱旋門賞は確実に遠くなっていっている。それだけは確かなのだと痛感させられたのが今回の凱旋門賞だったのである。

あとがき

なぜ競馬をみるのか、と問われても、そこに競馬があるからだとしか答えようがない。ただし競馬をみることには大変優れた意味がある。時間がわかるということだ。

　毎週土日にはＪＲＡの競馬がある。これは私の基本的な生活リズムを形成してくれる。私は競馬場かウインズでしか馬券は買わないので、コロナ禍のなかでは実際に購入することはなかったが、毎週予想はしていた。そして競馬には四季がある。有馬記念から年末の時期は、一年の総決算と来年の二歳馬の力量を推し量る課題がどっとくる。年が明けると金杯だ。そのうちクラシックトライアルシーズンになる。本文でも書いたがクラシックの瀬踏みをするこの頃が一番楽しい。チューリップ賞に弥生賞。私は花粉症もちなので、必ず阪神競馬場にいって花粉でやられるのもこの時期である。仁川の桜、新緑の東京、梅雨の入りの宝塚、菊の季節の京都の直線、年の瀬の有馬。こうした状景は競馬が身に染みついた者にはその生と切りはなしえない。私は桜花賞トライアルをみることによりこの世に春がきたと知り、新緑の東京開催、東京優駿〔日本ダービー〕と優駿牝馬〔オークス〕がくるとこれは夏が近いのだなと感じ、同時にまた一年が過ぎたとおもう。一年歳をとることをそれで確認する。これは競馬をやる者の性《さが》である。

毎週月曜日に『週刊競馬ブック』を買い、先週までの調教師と騎手のランキングを眺め来週の競馬を予想する。重賞レースには過去一〇年のレースの記録が掲載されている。時間がたつのは早い。あるレースと自分の記憶が堅く結びついている馬がもう一覧表から消えている。逆に、この馬はまだ五年前か、もう少し前かとおもったのに、という感慨が溢れる。

桜花賞になればもう何年も前の桜花賞が、天皇賞秋になれば天皇賞秋が、長年競馬をみてきた私のなかに降り積もっている。オグリキャップや、(二度目は走りきれなかった)サイレンススズカが、モーリスやキタサンブラックが、目の前の直線にかさなる。視覚は重層的で私はレースをみていながら、目の前のレースはすでに私のなかに積みかさなる記憶と化していくかのようだ。そうして、大抵は当たらず、たまには大儲けした金銭を握りしめ、競馬場から独りで立ち去る。

時間はこのようにしか現れない。周期を回りつつも、それは単線的にすすんでいく。そして記憶が膨れ上がり、私のこの世でのもち時間が少なくなることに薄々感づく。あと何回のダービーが、あと何回の有馬記念が自分には残っているのだろうか。

誰にでも時間があり人生があるように、誰もがこうした周期性と直線性、それぞれの仕方で咀嚼しているのだろう。私には競馬以上に実感をもってそれを与えてくれるものはなかった。競馬こそが人生の軸としての時間を与えてくれるのである。

私は来週も『週刊競馬ブック』を買い、来週もまた競馬の予想をする。体やアタマが動かなくなるその日までそうすることだろう。そしてそのうち競馬の記憶に溢れるなかで私は自分の生を終えるのだろうとおもう。そして私個人がいなくなった後も、競馬は、淡々とつづいていく。それでよい、それが人生なのだから。

本書は教育評論社の清水恵さんから、非常に熱心なお申しでがあって成立したものである。広く競馬にかかわる本はすでに二冊上梓しており、また直後にコロナ禍のために競馬場やウインズが閉鎖になるなど、少し鬱々とした環境でなかなかすすまなかったが、今回は競馬をこれからはじめる若い人に、というスタンスで、Zoomによる語りおろしを清水さんに原稿化してもらうことになった。いろいろと面倒な作業をお引き受けくださり感謝いたします。また校正は、大阪大学人間科学部の松木貴弥君にお世話になった。あわせて感謝いたします。

一身上の都合で、春より四半世紀ぶりに自分のフィールドが（パリロンシャンを経て）

阪神や京都から東京や中山に動く。梅田のウインズの雑踏は新宿や渋谷に変わる。新装京都競馬場はキャッシュレス券売機が半数とのこと。競馬の姿がどんどん変わっていくなか、何も変わらない「賭ける」ということの本質を今後とも追求していきたい。

檜垣立哉

二〇二三年一月　吹田津雲台

〈著者〉檜垣立哉（ひがき・たつや）

1964年、埼玉県生まれ。東京大学大学院人文科学研究科博士課程中途退学。現在、大阪大学大学院人間科学研究科教授。博士（文学）。主な著書に『西田幾多郎の生命哲学』『ベルクソンの哲学　生成する実在の肯定』（以上、講談社学術文庫）、『バロックの哲学　反 - 理性の星座たち』（岩波書店）、『哲学者、競馬場へ行く』『日本近代思想論　技術・科学・生命』（以上、青土社）ほか。主な共訳書に『ベルクソニズム』（法政大学出版局）ほか。

哲学者がみた日本競馬

昭和から令和、21世紀の競馬場に立つ

2023年2月13日　初版第1刷発行

著　者　檜垣立哉

発行者　阿部黄瀬

発行所　株式会社 教育評論社
〒103-0027
東京都中央区日本橋3-9-1 日本橋三丁目スクエア
Tel. 03-3241-3485
Fax. 03-3241-3486
https://www.kyohyo.co.jp

印刷製本　萩原印刷株式会社

定価はカバーに表示してあります。
落丁本・乱丁本はお取り替え致します。

ISBN 978-4-86624-074-9